思想学术系列

儒家史话

A Brief History of Confucianism

孙开泰 / 著

社会科学文献出版社
SOCIAL SCIENCES ACADEMIC PRESS (CHINA)

图书在版编目（CIP）数据

儒家史话/孙开泰著. —北京：社会科学文献出版
社，2011.8
（中国史话）
ISBN 978 - 7 - 5097 - 2074 - 5

Ⅰ.①儒…　Ⅱ.①孙…　Ⅲ.①儒家－思想史－中
国　Ⅳ.①B222.05

中国版本图书馆 CIP 数据核字（2011）第 111385 号

"十二五"国家重点出版规划项目

中国史话·思想学术系列

儒家史话

著　　者／孙开泰

出 版 人／谢寿光
总 编 辑／邹东涛
出 版 者／社会科学文献出版社
地　　址／北京市西城区北三环中路甲 29 号院 3 号楼华龙大厦
邮政编码／100029

责任部门／人文科学图书事业部　（010）59367215
电子信箱／renwen@ssap.cn
责任编辑／宋荣欣　孔　军
责任校对／林　娜
责任印制／岳　阳
总 经 销／社会科学文献出版社发行部
　　　　　（010）59367081　59367089
读者服务／读者服务中心（010）59367028

印　　装／北京画中画印刷有限公司
开　　本／889mm×1194mm　1/32　印张／7
版　　次／2011 年 8 月第 1 版　　字数／129 千字
印　　次／2011 年 8 月第 1 次印刷
书　　号／ISBN 978 - 7 - 5097 - 2074 - 5
定　　价／15.00 元

总　序

　　中国是一个有着悠久文化历史的古老国度，从传说中的三皇五帝到中华人民共和国的建立，生活在这片土地上的人们从来都没有停止过探寻、创造的脚步。长沙马王堆出土的轻若烟雾、薄如蝉翼的素纱衣向世人昭示着古人在丝绸纺织、制作方面所达到的高度；敦煌莫高窟近五百个洞窟中的两千多尊彩塑雕像和大量的彩绘壁画又向世人显示了古人在雕塑和绘画方面所取得的成绩；还有青铜器、唐三彩、园林建筑、宫殿建筑，以及书法、诗歌、茶道、中医等物质与非物质文化遗产，它们无不向世人展示了中华五千年文化的灿烂与辉煌，展示了中国这一古老国度的魅力与绚烂。这是一份宝贵的遗产，值得我们每一位炎黄子孙珍视。

　　历史不会永远眷顾任何一个民族或一个国家，当世界进入近代之时，曾经一千多年雄踞世界发展高峰的古老中国，从巅峰跌落。1840年鸦片战争的炮声打破了清帝国"天朝上国"的迷梦，从此中国沦为被列强宰割的羔羊。一个个不平等条约的签订，不仅使中国大量的白银外流，更使中国的领土一步步被列强侵占，国库亏空，民不聊生。东方古国曾经拥有的辉煌，也随着西方列强坚船利炮的轰击而烟消云散，中国一步步堕入了半殖民地的深渊。不甘屈服的中国人民也由此开始了救国救民、富国图强的抗争之路。从洋务运动到维新变法，从太平天国到辛亥革命，从五四运动到中国共产党领导的新民主主义革命，中国人民屡败屡战，终于认识到了"只有社会主义才能救中国，只有社会主义才能发展中国"这一道理。中国共产党领导中国人民推倒三座大山，建立了新中国，从此饱受屈辱与蹂躏的中国人民站起来了。古老的中国焕发出新的生机与活力，摆脱了任人宰割与欺侮的历史，屹立于世界民族之林。每一位中华儿女应当了解中华民族数千年的文明史，也应当牢记鸦片战争以来一百多年民族屈辱的历史。

当我们步入全球化大潮的 21 世纪，信息技术革命迅猛发展，地区之间的交流壁垒被互联网之类的新兴交流工具所打破，世界的多元性展示在世人面前。世界上任何一个区域都不可避免地存在着两种以上文化的交汇与碰撞，但不可否认的是，近些年来，随着市场经济的大潮，西方文化扑面而来，有些人唯西方为时尚，把民族的传统丢在一边。大批年轻人甚至比西方人还热衷于圣诞节、情人节与洋快餐，对我各民族的重大节日以及中国历史的基本知识却茫然无知，这是中华民族实现复兴大业中的重大忧患。

中国之所以为中国，中华民族之所以历数千年而不分离，根基就在于五千年来一脉相传的中华文明。如果丢弃了千百年来一脉相承的文化，任凭外来文化随意浸染，很难设想13亿中国人到哪里去寻找民族向心力和凝聚力。在推进社会主义现代化、实现民族复兴的伟大事业中，大力弘扬优秀的中华民族文化和民族精神，弘扬中华文化的爱国主义传统和民族自尊意识，在建设中国特色社会主义的进程中，构建具有中国特色的文化价值体系，光大中华民族的优秀传统文化是一件任重而道远的事业。

当前，我国进入了经济体制深刻变革、社会结构深刻变动、利益格局深刻调整、思想观念深刻变化的新的历史时期。面对新的历史任务和来自各方的新挑战，全党和全国人民都需要学习和把握社会主义核心价值体系，进一步形成全社会共同的理想信念和道德规范，打牢全党全国各族人民团结奋斗的思想道德基础，形成全民族奋发向上的精神力量，这是我们建设社会主义和谐社会的思想保证。中国社会科学院作为国家社会科学研究的机构，有责任为此作出贡献。我们在编写出版《中华文明史话》与《百年中国史话》的基础上，组织院内外各研究领域的专家，融合近年来的最新研究，编辑出版大型历史知识系列丛书——《中国史话》，其目的就在于为广大人民群众尤其是青少年提供一套较为完整、准确地介绍中国历史和传统文化的普及类系列丛书，从而使生活在信息时代的人们尤其是青少年能够了解自己祖先的历史，在东西南北文化的交流中由知己到知彼，善于取人之长补己之短，在中国与世界各国愈来愈深的文化交融中，保持自己的本色与特色，将中华民族自强不息、厚德载物的精神永远发扬下去。

《中国史话》系列丛书首批计 200 种，每种 10 万字左右，主要从政治、经济、文化、军事、哲学、艺术、科技、饮食、服饰、交通、建筑等各个方面介绍了从古至今数千年来中华文明发展和变迁的历史。这些历史不仅展现了中华五千年文化的辉煌，展现了先民的智慧与创造精神，而且展现了中国人民的不屈与抗争精神。我们衷心地希望这套普及历史知识的丛书对广大人民群众进一步了解中华民族的优秀文化传统，增强民族自尊心和自豪感发挥应有的作用，鼓舞广大人民群众特别是新一代的劳动者和建设者在建设中国特色社会主义的道路上不断阔步前进，为我们祖国美好的未来贡献更大的力量。

陈奎元

2011 年 4 月

⊙孙开泰

作者小传

　　孙开泰，1940年5月生，1963年毕业于云南大学历史系。中国社会科学院历史研究所研究员、教授，中华孔子学会前秘书长，《管子学刊》编委、顾问，中国孙子与齐文化研究会副秘书长，山西省社会科学院顾问，享受国务院政府特殊津贴。著有《先秦诸子精神》、《中国春秋战国思想史》、《吴起传》、《邹衍与阴阳五行》、《儒家史话》、《法家史话》、《沙场双杰：吴起与孙膑》，与人合作《孔子孟子传》、《中国哲学史》、《中国思想发展史》、《中国思想史》(英文版)、《宋明理学史》、《管子简释》、《齐文化概论》等，发表学术论文80余篇。

目 录

引 言

 孔子思想奠定了中国
传统文化的基础

中国有 56 个民族，是多民族的国家，其文化从上古起就是多元的文化。孔子继承了夏、商、周的传统文化，整理六经，创建儒学。经战国中期的儒学大师孟子的发扬光大，到西汉武帝时接受董仲舒"罢黜百家，独尊儒术"的建议，以后逐渐形成了兼容儒、释、道等多种思想但以儒学为主的中国传统文化。孔子思想是儒家思想的基础。孔子被历代封建统治者尊为圣人。孔子思想奠定了中国传统文化的基础，它是在中国思想文化的肥沃土地上孕育出来的，在中国思想文化的整体历史上处于中心地位，其影响深远，直到今天对于我们的思想仍有一定的影响。

 孔子思想以非宗教为其特色

以孔子思想与西方国家统治思想相比，西方国家的统治思想大多带有宗教色彩，而孔子思想则是以非宗教为其特色。

《论语》一书中很明显地反映了孔子的非宗教思想。

子不语怪、力、乱、神。（《述而》7.21）

季路问事鬼神。子曰："未能事人，焉能事鬼?"曰："敢问死。"曰："未知生，焉知死?"（《先进》11.12）

樊迟问知。子曰"务民之义，敬鬼神而远之，可谓知矣。"（《雍也》6.22）

这些论断都是很明确的，其意思十分清楚。孔子并不相信鬼神，就是祭祀，也只是"祭如在，祭神如神在"（《八佾》3.12）。他从未肯定神的存在，只是视为一种假设而已。他对鬼神只是敬而远之。孔子的无神论思想在历史上起了重要的作用。他不承认像西方人所说的那样有一个主宰世界的上帝。他只重视现世，而不承认其他宗教所谓的来世，即不承认彼岸世界。所以儒学并非宗教。

虽然董仲舒宣扬神秘性，他提出了天人感应的神学目的论，要把儒学变成宗教，其消极的影响是造成东汉谶纬迷信的流行。然而我们还要看到，董仲舒并没有完成儒学的宗教化。同时，董仲舒的这种思想还遭到唯物主义思想家王充等人的批判。这种批判，在客观上阻止了儒学的宗教化。由于儒学在传统文化中占有主导地位，这就使宗教一直没有在中国历史上居于统治地位。也就是说，中国的封建社会并没有出现如西方国家那样的政教合一的统治。这是中国封建社会的一大特点，即使在佛教盛行的唐代也是如此。孔子的无神论思想是十分可贵的。

关于儒学的非宗教性质，历来许多西方人士也持同样的见解。例如："利玛窦只是把儒学看成一种以自然为基础的哲学学派，而非严格意义上的宗教，认为儒家没偶像崇拜，祭祖不过是对祖先的怀念，并非信奉鬼神。"（杨焕英《孔子思想在国外的传播与影响》，教育科学出版社，1987，第153～154页）

桑戴克在他的《世界文化史》中谈到孔子时就认为，孔子并非宗教领袖，也未创立宗教；孔子思想在抵制宗教在中国的影响方面起了巨大的作用。

孔子及儒家思想的生命力

孔子思想的生命力，我们从孔子儒学的兼容性和适应性特点可以看出：

儒学的兼容性表现为善于吸收各家各派的优秀思想来充实自己；儒学的适应性表现为它能根据社会变化，而改变形式来适应其需要，从而表现出很强的生命力。我们从儒学的形成与发展的历史可以充分看清楚这个问题。

以孔子为代表的儒家思想的形成和发展，大致可以分为5个阶段：

（1）先秦以孔孟为代表的原始儒家。

孔子是儒家的创始人，被称为"圣人"，他为儒家的思想文化奠定了基础。他提出的以"仁"为核心思想的体系，重视道德修养。他的如何处理人与人之间关系的思想，比法家的残酷无情和道家的回到"小国寡民"更适应社会的需要，这对于维系一个多民族的大国起了重要作用。孔子主张统一，发展而成了儒学的"大一统"思想，更加强了民族团结的向心力。他在方法论上提出"中庸之道"，在历史上也有深远的影响。中庸并不是不讲原则的折中调和，而是要恰到好处。后来，朱熹对"中庸"的解释是符合孔子原意的。如果仅从孔子是个教师，一生坎坷，发过牢骚，并不中庸，因而就说"中庸与孔子无关"，这显然贬低了孔子的思想品格。因为一种思想与思想家个人的个别行为是不能等同的，不能一叶障目不见森林。他在教育上提出"有教无类"的主张，对后世有相当大的影响。他还认为庶人如水，可以载舟也能覆舟，可以拥戴君主也能推翻君主，这些，在历史上都有其积极的进步的作用。孔子还说"苛政猛于虎"，反对暴政，主张限制统治者对民众过分的剥削，要让他们生活得下去，这就要求朝廷的官吏要廉洁。孟子历来被尊为"亚圣"。他在战国中期继承和发展了孔子的学说。他主张的"仁政"影响深远。在君民关系上，孟子提出"民贵君轻"的思想，对于限制君权起了积极的作用。他吸收稷下黄老之学的思想，在哲学思想上大大丰富了儒家的学说。特别是关于"心性"的学说，对佛学与宋明理学更有直接的影响。荀子总结战国诸子百家，写出《天论》这样不朽的哲学篇章，其贡献尤为突出。先秦儒家的思想在历史上的作用是应该给予高度评价的。

到战国末期，秦始皇以法家思想为指导，以武力迅速兼并了六国，完成了大一统，但是他又"焚书坑儒"。据赵岐《孟子题辞》说："孟子党徒尽矣。"儒家的典籍被焚烧，可见儒家受到了沉重的打击。秦始皇统一六国，可以说是法家思想的胜利。但是，也正是在这个过程中，暴露了法家对农民的残酷镇压的一面。因而在短时期内导致了陈胜、吴广为首的农民起义，最终使秦王朝"二世而亡"。

（2）两汉以董仲舒为代表的、以经学为特点的经学之儒。

儒学为什么在汉代再度兴起呢？汉代初年，由于战争使生产受到严重破坏，社会需要安定。黄老之学适应了这种社会需要，被汉王朝当作统治思想。但随着社会生产的恢复，社会秩序稳定之后，统治者很需要能使社会长治久安的统治方术，于是经过七十来年的选择，汉武帝仍然选择了儒家思想作为统治思想。这是因为董仲舒对儒学思想进行了改造。他以儒家为主，吸收了阴阳家、道家、法家、名家等思想而形成新的儒学，因此汉武帝才终于接受董仲舒"罢黜百家，独尊儒术"的建议，使儒学定于一尊，被封建帝王确认为封建社会的统治思想。这正是因为儒学善于改变自己，以适应汉代社会的需要。在汉武帝时代，生产发展了，统治疆域有所扩张，这时很需要巩固政权，实现"大一统"，因此《春秋》公羊学（今文经）在西汉相当一段时期是统治者的指导思想，而董仲舒正是《春秋》公羊学的主要代表人物。因此，董仲舒是继孔孟之后，对儒家思想的发展作出重大贡献的重要历史人物。董仲舒对儒学的贡献，可以说使儒学在历史长河中对中华民族传统文化起了支配作用，从此确立了它在中华传统思想文化中的支配地位。但是董仲舒思想中也有许多糟粕，他提倡符瑞，大讲灾异，导致东汉谶纬迷信盛行。因而经学中的古文经兴起，最后由郑玄总结今古文经学。然而经学重文字训诂，十分烦琐，使得经学在迷惘中走向沉沦。

（3）在魏晋南北朝隋唐玄学、佛学与道教盛行时期，与之并立和力争保持主体思想地位之儒。

三国两晋南北朝时期，由于经学的烦琐，玄学兴起，思辨哲学发展，佛教与道教盛行，儒学处境困难，但仍能与之并立和力争保持主导地位。佛教传入中国后，很快便被儒家思想所改造，禅宗即是经儒家思想改造而成的中国化的佛教宗派。这正说明儒学并不排斥外来文化，而是能够兼容并包，加以利用改造。隋唐时期，佛教得到相当大的发展，儒家虽然更多地转向民间传播其思想，但由于封建统治者认为儒学对其统治仍然不可缺少，因而加以利用。不过与汉代相比较，儒学是相对地衰落了。因此唐代的韩愈深感儒家的"道统"失传。

（4）宋元明以朱熹、王阳明为代表的理学之儒。

残唐五代的战乱，使儒家的礼义道德受到很大的冲击。这一时期的儒学，为了适应社会的需要，解决社会面临的种种问题，当理学在北宋兴起时，便极力维护儒家的"道统",批判佛教和道教。但儒学同时又吸收佛学与道教的思辨哲学,从本体论的高度论证了伦理道德的合理性,形成了比先秦、两汉儒家思想更为精致的理学思想体系,以适应宋元明封建王朝的需要。其中,周敦颐、二程、张载等人对理学的开创与发展,起了重要的作用;南宋的朱熹更集其大成。因此,朱熹在理学发展史上有重要的历史地位,在儒学发展史上是继孔、孟、董仲舒之后,对儒学发展作出了重大历史贡献的伟大人物。朱熹在中华民族传统思想文化上,又是一个有卓越贡献的思想家和教育家。在理学发展中,南宋的陆九渊发展了孟子思想,提出了"心即理"的"心学"理论体系,强调"简易功夫",以针对程朱"性即理"的"支离"与"烦琐"的流弊,打破了"道学"中理学一统的局面。但是,程朱"理学"仍是官方哲学,成为士子们猎取功名利禄的工具,而且日趋僵化,造成了社会政治和思想的严重弊端,地方上农民起义此起彼伏。明代的王阳明发展了陆九渊的"心学",提出彻底的"心即理"的本体论和"致良知"的修养途径,以达到"知行合一",即"求理于吾心",以达到"破心中贼"的目的,并由此进而达到"破山中贼"的境界。因此,王阳明的"心学",对于缓解明朝当时的社会危机,有着很大的贡献。

(5)清代以顾炎武、黄宗羲、王夫之以及戴震为代表的以实学与考据学为特点的考据学之儒。

明清之际,王阳明的"心学"流行中出现了空疏的流弊，而"实学"则是针对这种流弊而产生的。"实学"提倡"经世致用"，避免"空疏"。清政府大兴文字狱，使得逃避现实的乾嘉考据学兴起。他们着重音韵训诂之学，对古籍整理确实功不可没。然而钻故纸堆风气对于社会进步殊少补益，因此，晚清的儒学又大倡"经世之学"。清王朝十分腐败无能，一部分儒者接受了西学思想的影响，康有为、梁启超等人领导的维新运动和孙中山领导的辛亥革命，终于推翻了清王朝的封建统治。

儒学在"五四"新文化运动中受到了极大的冲击与深刻的批判。"五四"运动对孔子与儒学的批判是理所当然的，宣传"科学"与"民主"也是完全应该的。但是，也存在着片面性的错误。"打倒孔家店"的口号，把以孔子为代表的儒学以及我国传统文化一概否定，一棍子打死，这是有问题的，事实上也不可能达到目的。因为以儒家思想为主体的传统文化，经几千年的流传，已经在中国社会造成了极为深远的影响，是难以抹灭的。

中华人民共和国成立以后，马克思主义在中国取得了伟大的胜利。马克思主义在传播中，对儒学的唯心主义进行了批判。在"文化大革命"中孔子与儒学又受到严重打击，当时在"左"的思潮影响下，把以孔子为代表的儒学及我国传统文化当成"四旧"来"打倒"，当成"牛鬼蛇神"来"横扫"。以孔子为代表的儒学经过两次打击以后，其地位已经在人民心目中大大下降了。但是，这两次打击的负面影响也导致了文化的民族虚无主义和全盘西化的泛滥。经过中共十一届三中全会以后不断纠正"左"的错误，以孔子为代表的儒学以及我国传统文化才逐渐恢复其应有的历史地位。

从对儒学发展的粗略回顾可以看出，它确实体现了兼容性和对社会变化的适应性，从而显示了它很强的生命力。

21世纪西方国家面临的道德危机与对孔子思想的向往

随着当代西方社会现代化的进程，从19世纪后半叶出现了一场西方文化的危机，到21世纪这种危机将更趋严重，西方的思想家于是将转而求助于东方中国的孔子思想的智慧，这是十分自然的。但是，这并不就意味着是"21世纪是儒学的世纪"，或者"21世纪必将在全世界得兴儒学"。

孔子思想之所以可贵，在于它有着许多具有普遍的永恒价值的思想，不仅在封建社会中适用，在今天的社会中可以适用，而且在未来社会中也可以适用；它不仅在我国适用，而且在世界所有国家中都适用。因此，就这些思想来说，就具有普遍的永恒的世界意义。我们将这些思想大略归纳如下：

（1）关于学习。

子曰："学而时习之，不亦说乎？"（《学而》1.1）

子曰："温故而知新，可以为师矣。"（《为政》

2.11）

子曰："学而不思则罔，思而不学则殆。"（《为政》2.15）

子曰："……知之为知之，不知为不知，是知也。"（《为政》2.17）

子曰："默而识之，学而不厌，诲人不倦，何有于我哉？"（《述而》7.2）

子曰："譬如为山，未成一篑，止，吾止也。譬如平地，虽覆一篑，进，吾往也。"（《子罕》9.19）

（2）关于交友。

"有朋自远方来，不亦乐乎？"（《学而》1.1）

（3）关于"爱人"。

"节用而爱人"。（《学而》1.5）

"泛爱众而亲仁。"（《学而》1.6）

厩焚。子退朝，曰："伤人乎？"不问马。（《乡党》10.17）

樊迟问仁。子曰："爱人。"（《颜渊》12.22）

子游问孝。子曰："今之孝者，是谓能养。至于犬马，皆能有养；不敬，何以别乎？"（《为政》2.7）

（4）关于道德修养。

"过，则勿惮改。"（《学而》1.8）

子曰："过而不改，是谓过矣。"（《卫灵公》15.30）

子曰："人而无信，不知其可也。"（《为政》2.22）

子曰："其身正，不令而行；其身不正，虽令不

从。"（《子路》13.6）

子曰："君子和而不同，小人同而不和。"（《子路》13.23）

仲弓问仁。子曰："……己所不欲，勿施于人。"（《颜渊》12.2）

子贡问曰："有一言而可以终身行之者乎？"子曰："其恕乎！己所不欲，勿施于人。"（《卫灵公》15.24）

（5）关于礼。

有子曰："礼之用，和为贵。"（《学而》1.12）

（6）关于环境保护。

子钓而不纲，弋不射宿。（《述而》7.27）

以上这些思想都是十分宝贵的。它是中国的宝贵文化遗产，也可以说是世界文化的宝贵遗产。

西方现代一些学者也认同于儒学。"一九二四年，法兰克福大学设汉学讲座，卫礼贤出任教授。他在孔教大学开学讲经会上发表了题为《孔教可致大同》的讲演中说：'凡所谓经济学说，皆不如孔教。西国只知爱国，国之下缺家，国之上缺天下，非孔教无以弥补之。西国一哲学家兴，即推倒前之学说而代之，中国则以孔教通贯数千年。历代虽有扩充，而百变不离其宗，此孔教之所以为大也。今后惟孔教中和之道，可致大同，以其无各宗教门户主奴之见，而又能时措咸宜，任环境之变迁，而教义日加光大。……何也？孔子，圣之时者也。"（见《本会纪事》，《经世报》二卷九期，1924年9月）牛津大学汉学讲座第一位教授理雅各在谈到对孔子的看法时说："孔子……过去他是中国人中的中国人，现在正如所有的人相信他那样，又是最好的和最崇高的身份代表着人类最美好的理想。"（理雅各：《中国经典》"绪论"，《孔子生平及其学说》第95页，载引自《传教士与近代中国》第187页）

同时，以孔子为代表的儒学还传入朝鲜、日本、越南，以及西方许多国家，其中尤其对远东国家产生了极大的影响。

现代西方文化的危机始自19世纪后半叶，而科学技术的高度发展，导致了对上帝存在的怀疑，因此就有19世纪末"上帝死了"的呼喊。"上帝"本是西方文化的最高价值观念，而今这种最高价值观念发生了动摇，就意味着人们的信仰发生了危机。20世纪初海德格尔发出了"茫然无家可归"的感叹，这就出现了西方文化的另一种危机，即自主本体人的价值观念也动摇了。科学技术的高度发展，不仅动摇了"上帝"这一最高价值观念，而且动摇了个人的价值观念，使个人精神空虚，失去自信心。因此西方不少思想家便向东方文化中寻求解救西方文化危机的办法。随着人们追求高额利润，导致了道德的滑坡。有人认为需要孔子儒学思想中的道德学说，以医治西方社会弊病。

"由于这种儒学的熏陶，中国遂发展出一种和谐的社会生活，追求知识崇高智慧的狂热以及稳健的文化。中国虽屡遭侵略，但其文化不但能屹立不挠，而且还能同化异族的文化……一如过去，在今天，要医治由于知识的爆发、道德的堕落、个人及国家的品格衰弱，以及那使人遭致那种混乱而起的痛苦，实在没有比孔子的学说和教条这剂药方更好的了。"〔〔美〕威尔·杜兰著《中国与远东》，（台湾）幼狮翻译中心翻译，（台湾）幼狮文化事业公司，1978，第48页〕

孔子与 21 世纪中国新文化的创建

上面我们论述了以孔子思想为代表的儒学的生命力与在 21 世纪孔子思想可能在世界上再度辉煌。而 21 世纪中国新文化的创建又与以孔子思想为代表的传统文化有着密切的关系。

关于这个问题，美籍华人窦宗仪教授认为，马克思主义与中国的儒家思想"非常相近"。他说："为什么马克思本人针对西欧、北美社会而作出的结论以及提出的行动原则，自 1848 年《共产党宣言》发表起，迄今没有在那里实现反而在马克思没有预期的中国，从 1921 年中国共产党成立时算起的短短的 28 年中，就把儒家思想支配了两千多年的中国改建成为一个马克思主义的国度呢？"他认为："大凡一种思想体系和制度要移植到另一种思想体系和制度之内，两者如果越接近就越容易开花结果；两者如果差距过大，那就很难适应。历史上的两种文化交融演变，大致都遵从着这个历史法则。"（〔美〕窦宗仪著《儒学与马克思主义》，刘成有译，兰州大学出版社，1993，第 1 页）

对此，窦宗仪比较了马克思主义和儒家（尤其是新儒家，即宋明理学）的基本哲理。他先从马克思主义的辩证唯物主义入手，认为"两者的基本前提非常相近，所不同的是，马克思主义以"斗争"为主，而儒家以"中和"为主。他还说："《太极图说》中的思想与辩证唯物主义的原理最为接近。"并认为越南的武元甲也有类似的观点，"他（武元甲）之所以皈依马克思主义，一是为了抵抗帝国主义，二是因为马克思主义的哲理和他所接受的儒家哲理最为接近。"（同上，第2页）

关于中国未来社会的文化建构，儒学将占据什么地位，窦宗仪教授在《儒学与马克思主义》一书中提出了自己的见解。他认为，马克思主义在中国已经扎根，因此在新文化的创建中马克思主义必然居于重要地位，起着指导作用。而属于传统文化中的儒、佛、道，甚至包括法家、墨家等各派学说在内，凡是有价值的文化遗产，都要在未来社会的实际需要中接受检验，从而决定其弃取。当然儒家思想不可能像在传统社会那样居于独尊的地位，因为现代化的社会里首先是发展生产力，发展科学技术，而这些都不是儒家学说可以办到的。但是，在处理人际关系、调节社会和谐方面，儒家比法家、道家和墨家等都更好一些。在这方面，是儒家的长处，可以弥补马克思主义的不足。

窦宗仪先生的观点我们并不都赞成，但他的研究为我们提供了构建中国未来新文化学说的参考，是我们可以借鉴的。

今天谈建设社会主义的新文化，我们赞成张岱年先生的"综合创新论"。我们应该以马克思主义为主导，并将它与以孔子思想为主体的中国传统文化相结合，吸收世界上一切文化的优秀成果。只有这样，才能创建21世纪中国的新文化，建设有中国特色的社会主义新文化。也就是说，应以马克思主义为指导，对以孔子思想为主体的中国传统文化进行批判继承。因为我们知道儒学本身并不都是精华，还有许多糟粕，是需要认真批判的。必须"剔除其封建性的糟粕，吸收其民主性的精华"，只有采取"批判地接收"的态度，才会有利于"推进中国的新文化"。当然我们同时还要吸收西方文化的优秀成果，但又不是搞全盘西化。

一 先秦以孔孟为代表的 原始儒家

 儒家的创建与在春秋战国 百家争鸣中的影响

（1）王官与儒。儒都是些古代的知识分子，在夏、商、西周各代，知识分子集中在史官，或者叫王官。《周礼·地官》说："古者学在官府"。《文史通义·史释》说：三代（夏、商、周）鼎盛之时，天下的知识学问都集中在官府里，要学知识都要以官吏为老师。如果要学习法律方面的知识，就要到司徒那儿去学。因此，不是所有的人都能有学习机会的，只有王公贵族的子弟，才能有资格进入当时的学校里去读书（《周礼·地官》）。

儒的原始含义是指周代学校里的教师。《周礼·天官》记载："儒以道得民"。东汉郑玄在注释这句话时说："儒，诸侯保氏有六艺以教民者。"就是说儒是以六艺来从事教育贵族子弟的教师。六艺，即礼、乐、射、御、书、数和《诗》、《书》、《易》、《礼》、

《乐》、《春秋》。前面六项是初级的教学内容，后面的六项是高级的教学内容。儒其实也就是王官，或者说史官。而儒又有"君子儒"与"小人儒"（《论语·雍也》）之分。前者精通六艺，而且道德高尚，能治理国家；后者指替人办丧事、相礼为生的人，即吹鼓手、司仪之类，这种儒则没有高尚的道德，只满足于饱暖而已。

在西周，由于"学在官府"，也就没有私家著作；知识被奴隶主贵族所垄断，而且知识与宗教形成密不可分的关系。也就是说，政治与宗教神权结为伴侣。在官府里，史官（包括太史、太卜、太祝等）既掌握了知识，又掌握了祭祀、占卜等宗教大权。他们既控制史官的典籍、垄断学术文化，又借助神权来维护奴隶主的统治。这种"学在官府"的局面，一直维持到西周末年。

由于戎狄的入侵，周平王被迫东迁洛邑，在此过程中，王官流入一些诸侯国或失散于民间。《论语·微子》记载了周王室的太师挚到了齐国，亚饭干（乐师）到了楚国，三饭缭到了蔡国，四饭缺到了秦国，打鼓的方叔迁到黄河之滨，摇小鼓名叫武的入居于汉水之滨，少师阳与击磬手名叫襄的到海边居住。《吕氏春秋·当染》还记载，周桓王（应为周平王）时掌管"郊庙之礼"的史角，因被派遣到鲁国，而没能再回到周王室，他的后代便留在鲁国。这样"郊庙之礼"就流传到鲁国。《左传·昭公十七年》引孔子语："我听说，'周天子的王官失散，官学流传于边远的少数民族。'这话是完全可以相信的。"《汉书·艺文志》又引孔子的话："礼失而求诸野",即中原的礼节仪式要是失传了,而在边远的少数民族地区还可以找得到。这些记载都说明了西周至春秋由"学在官府"而下到民间的实际情况。

(2)孔子大办私学的杰出贡献。由"学在官府"到王官下到民间,在这个过程中,私人讲学的兴起,又起了推动作用。孔子就是在私人讲学中最有贡献者。他首倡"有教无类"的教育方针,打破了过去只有贵族子弟才能受教育的等级界限,使"学在官府"的局面被打破。可以说孔子是学术下到民间的具有划时代意义和最有影响的代表人物。他教有弟子三千,其中精通六艺的贤才有七十二位。他们分散在各诸侯国,成为各个方面的有用人才。孔子创建儒家学派,正是依靠他的这些弟子作为骨干而形成的。

(3)儒家创建于鲁国的历史背景。儒家学派为什么会诞生于鲁国呢?首先还要从鲁国的历史背景来看。因为"学在官府"至学术下到民间的过程中,鲁国有特殊的地位。由于鲁国是周公的封地,周成王对周公的恩德十分感谢,他使鲁国在诸侯国中独占极为特殊的地位,让鲁公分享只有天子才能享有的祭祀天和祖庙的特权。因此鲁国有"天子礼乐"(《史记·鲁周公世家》),而且还有附庸小国和太祝、太卜、宗人、太史等官职,也有服用、器物、典籍简册,卿、大夫、士等百官和宗庙祭祀用的彝器。这就使得鲁国文化比其他诸侯国都更繁荣昌盛。当周平王东迁,文化典籍大量散失，鲁国在文化上的优势就显得格外突出，从而有《左传·闵公元年》记载的"周礼尽在鲁矣"这样的感叹。正因为如此，鲁国便具备了产生儒家的良好条件。而孔子正是在这样得天独厚的环境中成长起来的思想文化巨人。加之鲁国朝野文化素质普遍较好，所以孔子大办私学，向他学习的人相当的多。孔子的声望也越来越高，影响越来越大。在孔子创建儒家学派以后，鲁国就成为儒家的大本营。因此《庄子·天下》记载，"邹鲁之士缙绅先生"，即是说的鲁国儒者，这些人都是懂得《诗》、《书》、《礼》、《乐》等"六经"的。同时庄子还说："鲁多儒士"，即是说鲁国的儒者数量相当的多。又说鲁"举国而儒服"，这虽然有点夸大其辞，但也确实反映了鲁国儒家势力之大。

（4）儒家在春秋战国百家争鸣中的影响。从孔子创建儒家以后，它在思想文化领域里就居于独领风骚的地位。因为老子虽然比孔子早，但是他著的《老子》一书，流传并不广，在当时的影响不大。而从春秋战国百家争鸣的角度看，最先与儒家争鸣的是墨家，而墨家的创始人墨翟则是从儒家分化出来的。当然儒墨之争的发展，加上稍后杨朱学派的兴起，杨墨两家都把矛头指向儒家。因此，孟子不得不起来反对杨墨两家。由于儒家在杨墨两家的攻击之下有不支之势，因此才有孔子的弟子子夏开始从儒家中分化出来，转向法家，而由子夏的弟子李悝创建了法家，以适应社会发展的需要。继孟子之后的荀子，因为长期居于战国中期齐国的稷下学宫，他吸收了诸家之长，形成自己独特的思想，而他的弟子韩非和李斯则成为法家的重要人物。由此看来，先秦时期的儒家对百家争鸣的影响也是十分可观的。

 ## 2 孔子的儒学思想

（1）生平。孔子（公元前551～前479年）名丘，字仲尼。春秋末期鲁国人。孔子出生于没落贵族家庭，其先祖孔父嘉是宋国（今河南和山东、江苏、安徽交界地区）的公室贵族。而宋国的开国者微子启原是殷人，是殷朝末代君主纣王的庶兄。孔父嘉的后代防叔为避祸而逃奔，定居于鲁国，防叔的孙子叔梁纥，便是孔子的父亲。叔梁纥是鲁国一位有名的武士，曾为陬邑大夫，所以也叫陬梁纥。他先娶施氏，生了几个女孩，其小妻生的儿子孟皮是一个跛子；于是在晚年又娶一个年轻女子叫颜徵在的为妻，婚后曾到尼丘山祈祷求子，后来得子就起名孔丘。孔子大约3岁时，叔梁纥病故，颜徵在带着孔子迁居到鲁国国都曲阜（今山东曲阜市区）。孔子一生大部分时间，便是在曲阜度过的。

孔子从小受到母亲的良好教育，而且曲阜那里有浓厚的传统文化气氛，对幼小的孔子起了极大的熏陶作用。孔子童年时作儿戏，就常常摆上小碗小盘，装作祭祀用的俎豆（礼器），模仿着行礼。大约在19岁那年，他娶宋国女子亓（音qí）官氏为妻，一年后生下了他们的独子鲤。

孔子因出身没落贵族家庭，他的社会身份属于"士"，是贵族的下层。史书上曾记载他因社会地位低下而受人奚落的事。一次，鲁国的执政大夫季孙氏"飨（宴请）士"，孔子兴冲冲地去了。季孙氏的家臣阳虎出来挡驾，对他说："这是宴请士的，而不是宴请你的！"给他吃了一个闭门羹。

由于家贫无靠山，年轻的孔子被迫从事在当时被认为是鄙贱的职事。据说他当过吹鼓手，20来岁时给贵族季氏当过管理财务的"委吏"，管理牲畜的"乘田"，都属于卑微的职务。

孔子在逆境中发奋勤学，15岁时便确立了学习的志向。他在学习中不放过一切求知的机会。他曾向郯国的国君郯子求教远古的传说。坚持不懈的异常勤奋的学习，带来了丰硕的成果。孔子博学多识的名声愈来愈大，终于同委吏、乘田这类"鄙事"告别，开始收授弟子，从而开辟了一条私人讲学的道路。孔子好学，主要不在于博闻多识，而在于研求为政和做人之道。他是主张"学而优则仕"的，他渴望能有机会施展自己的政治抱负，但这样的机会迟至年过半百之后才到来。

公元前517年，鲁国内乱，孔子不居"乱邦"，到了齐国，为高昭子家臣，欲仕齐景公。因齐大夫欲加害于他，故仓促返鲁。而鲁国政局混乱，孔子不仕，避乱从教，弟子甚多，成为著名的教育家。至鲁国内乱平息，孔子愿意从政，定公九年（公元前501年）始任中都宰，后升司空、大司寇，参与国政，但因参与"堕三都"以强公室，与鲁国执政者季氏矛盾十分尖锐，他只好弃官离鲁，从政时间只有 5 年。

公元前 497～前 484 年，孔子进行了长达 14 年的"周游列国"，以求仕并宣传其学说。他访问了卫、陈、蔡、曹、宋、郑等国，虽然受到礼遇，但并不被重用，他四处碰壁，自觉犹如"丧家之犬"，甚至绝粮于陈、蔡之间。最后还是回到鲁国，这时已是公元前 484 年。

在过了 14 年漂泊生活之后，终于回到了父母之邦，而孔子已是 68 岁的老人了。鲁哀公和执政者季康子以"国老（国之元老）"之礼相待，向他问为政之道。但孔子与当权者的政策背驰太远，自然无意参政。他把晚年的全部精力用在文化教育事业上，努力搜集和整理古代文献，作为教授弟子的课本。

在孔子年迈体衰的时候，他的独子和两个心爱的弟子相继死去，这在感情上实在是沉重的打击。就在弟子子路遇害的次年，孔子在悲痛中病倒了，他自知将不久于人世，对前来探望的子贡说："你来得太晚了！"接着自喻为泰山和栋梁，自称为富有才智的哲人，但却将逝去，并感叹天下无道已经很久了，却没有谁能崇信自己。师生见面 7 天之后，孔子悄悄地离开人世，时年 73 岁。这一年是公元前 479 年（鲁哀公十六年），哀公致以哀悼的"诔"（音 lěi）词。弟子们都服"心丧"（服丧不穿孝服），只在心里哀悼了 3 年。子贡则一直在墓旁小屋里居住了 6 年，才依依不舍地拜墓离去。

孔子生活在社会大动荡的时代，他一生孜孜不倦地探索治国平天下的道理，力求实现自己的政治理想。孔子强调仁政、礼治，为政以德，这对于当时急功好利不断从事攻战的各诸侯国君主来说，自然是格格不入的。他终于在哀叹"吾道穷矣"的凄凉境遇中老病而逝。

（2）天命论和认识论。孔子关于天命鬼神的思想比较复杂。孔子重视天命，他说"得罪了天，就无从祈祷了"。可见天有无比的权威，俨然是有意志、有人格的神，是世间万事万物、凶吉祸福的主宰者。因此，他主张要畏惧天命，畏惧大人，畏惧圣人的话。但面对春夏秋冬四时在运行，百物在生长的现实，孔子又认为看不出天有什么意志。这里天是指自然的天，并没什么神秘的意思。孔子又说不怨天，不责备人，学习一般的知识而懂得高深的道理，知道我的只有天了。而在他的弟子颜渊死后，他又发出"老天要我的命啊！老天要我的命啊！"的感叹。这表达了他对天的怨恨情绪。孔子在天命思想上的自相矛盾，是西周末年天命思想的动摇在孔子身上的反映。

孔子对鬼神的态度与对天命的态度类似。他赞美禹"致孝乎鬼神"，又说"不应该祭祀的鬼而去祭祀了，这就是献媚"。他主张既敬鬼神，又要远离鬼神。他还说没能服侍好活着的人，怎么能服侍鬼呢？他还不说怪、力、乱、神，这是对鬼神的怀疑，而把人事看得更为重要。

孔子的认识论基本上是先验论。他承认有"天才"，认为知识的根本来源是先天就有的，不必通过学习和实践。他说人生下来就具有天赋的知识，这是最上等的人；经过学习才具有知识的人要次一等；遇到困难还不学习的，就是最下等的了。这样认识就被分为若干等级。而"上知"和"下愚"是天生的、不可改变的。他讲通过学习而获得知识，包括听取各种各样的意见，有选择地遵从其中好的意见；多阅读并把它记住。这是讲述获得知识的过程，更主要地还是强调后天学习的重要性。

孔子的方法论是"中庸"。朱熹解释"中"的意思是，既不超过也不达不到；"庸"是指平平常常。这比较符合孔子的原意。以孔子说过的"过犹不及"来解释最合理，太过与不够都是不符合中庸的。他认为君子是有原则性的，但并不盲目服从，随声附和；小人是随声附和，盲目服从，而没有原则性的。即有道德的君子对不正确的言行敢于提出批评，纠正错误的意见，以便做到恰到好处。可见，孔子的"中庸"，并不是不讲原则，也不是为后来一些朝代的统治者所歪曲的折中调和。它与"明哲保身"的处世哲学绝对没有共同之处。但是中庸对于事物矛盾及其转化缺乏深刻的认识，因而容易为后世的统治者曲解，长期以来在中国古代社会中也有消极的作用。

（3）"礼"和"正名"。"礼"是什么？《说文解字》解释为"敬神求福"。礼反映了人与神的关系，因而与神权政治相结合，发展为奴隶主贵族等级制度的亲疏、尊卑、贵贱、上下的严格划分。礼包括祭礼、丧礼、外交之礼、作战之礼、婚嫁之礼等。孔子竭力维护"礼"。他考察三代之礼，认为周礼是最完善的，故推崇周礼。他说过如果有人要用他为政，他就要在东方复兴周道。因此孔子对诸侯、大夫、家臣僭越礼制的活动，持坚决反对的态度。比如当时鲁三家（季孙氏、孟孙氏、叔孙氏）祭祀宗庙唱《诗经·周颂》中的一篇《雍》的诗，孔子认为只有天子才能唱，大夫怎么能唱呢？又如孔子反对鲁大夫臧文仲把一种叫做蔡的大乌龟放在雕梁画栋的房屋里，认为这是天子所用的礼，臧文仲这么做还算什么明智呢？

但是，孔子复的礼是改良后的礼，他企图用"德"和"礼"来补充"政"和"刑"的不足。他认为只用行政命令和刑罚来治理民众还不够，应该进一步用"德"来加强思想控制和用"礼"来约束，这样民众就知道羞耻而服从统治了。孔子说只有统治者讲礼，民众也跟着讲礼，这样的社会才能够稳定。他把礼看成是维持统治秩序的重要规定，有了礼，就可以防止叛乱。同时，他主张"举贤才"，在不违背"亲亲"原则下选举有才能的人参与管理国家。对于礼的内容，孔子认为可依现实作适当的修改，例如，用麻布做礼帽符合周礼，但却费工，当时人用丝绸来做，比较节俭，孔子就表示赞成。

孔子生活的时代，臣杀君、子杀父之类的事常有发生，对于"礼坏乐崩"的社会他提出"正名"的主张。即所谓"纠正名实的混乱"，用周礼等级名分，把春秋时代破坏了的"名"、"实"关系匡正过来。这样才能建立"君君、臣臣、父父、子子"的社会秩序：君有君的样子，臣有臣的样子，父有父的样子，子有子有样子。这样就能"名正言顺"，天下太平了。这是要用"名"去规定"实"，而不是依据"实"赋予"名"。他认为春秋时期的社会变革是由"名"、"实"不符引起的，因此，他以为只要通过"正名"的办法就能解决。这表现在政治上即是他的保守思想。

（4）伦理思想——仁。"仁"是孔子思想的一个重要组成部分，它是一种道德伦理学说，是为了维护"礼"而提出的。那么"仁"是什么意思呢？《说文解字》解释为"从人从二"，即"人与人相与也"（即人与人之间的关系）。孔子认为仁就是"爱人"，意为人与人之间要相爱。如何做到爱人呢？一方面是"己欲立而立人，己欲达而达人"（自己想要站得住，也要使别人站得住；自己想要满足的要求，也要使别人得到满足）；另一方面要"己所不欲，勿施于人"（自己所不喜欢别人对待自己的，也不要强加给别人）。孔子的"仁"还包括"恭、宽、信、敏、惠"（待人恭敬、宽大、守信用、勤快、恩惠），"刚毅木讷，近仁"（刚强、果断、朴实、说话慎重，这就接近仁了），"居处恭，执事敬"（居住在家谦恭，办事认真严肃）。

"仁"和"礼"的关系怎样呢？他认为克制自己，使之符合"礼"的要求，这就是"仁"。具体办法就是"非礼勿视、非礼勿听、非礼勿言、非礼勿动"（凡是不符合礼所规定的不看、不听、不说、不做）。孔子认为一旦做到"仁"，天下的人就会归顺了。由此看来，"仁"的标准是"礼"，只有按礼的规定办事，才称得上"仁"。然而，能真正算得上仁的微乎其微。因为孔子眼中的"仁人"是"成人"（完美的人），必须兼备"知、廉、勇、艺"，而又"文之以礼乐"（按礼乐规定做事）才行。

孔子的"仁"具有政治的内容，是一种治国之道，其基本内容是"克己复礼"（克制自己私欲，使之符合周礼）。他还认为"仁"与"不仁"是能否守国的关键，所以为政要小心谨慎。办事要慎重，像接待贵宾一样，也要像在大祭一样。对待民众，统治者要爱，施行仁政。《礼记·檀弓》记载了这么一个故事：孔子路过泰山旁边，看到一个妇女在墓前痛哭，便叫随行的子路上前询问缘故。那妇女说，过去她的公爹和丈夫先后被老虎吃掉，现在儿子又死于虎患。孔子问她：为什么不离开这个有猛虎的地方迁到别处去呢？那妇女说，因为这里"无苛政"。孔子听了，深有感触地对同行的弟子们说："你们知道了吧，苛政比猛虎还要厉害。"这则有名的"苛政猛于虎"的故事反映了孔子对苛政的憎恶。

个人如何做到"仁"呢？孔子认为是从近处做起。如能有一天致力于仁，他从未见有力不足的。好胜、自夸、怨恨、贪欲都没有的人，说不上"仁"。但是，像令尹子文那样忠君，陈文子那样清高，都算不上"仁"，仁者必须先付出艰苦的劳动，才能得到收获。要保持仁也不容易，他的有名弟子如子路、冉求、公西赤等，虽各有所长，但都谈不上"仁"。在孔子心目中只有三人是"仁"人，即微子、箕子、比干。而伯夷、叔齐讲礼让，管仲保全天下之民，也可以算得上"仁"。孔子认为"民"（民众）可以实行"仁"，而使他们懂得孝悌之道是仁的根本。因为只要做到孝悌，民众就可以不犯上作乱了；而假设一个人能立志于"仁"，这样他就不会做坏事而当顺民了。显然，孔子主张以仁来调和阶级矛盾，同时也调和统治阶级内部矛盾，使统治能长治久安。

孔子很少谈"性"和"天道"，而谈仁的地方很多。可见他不重视天道，也不相信鬼神，更多的是重视"人道"。人道就是"仁"学。他继承了春秋"天道远，人道迩（迩，近）"的传统，进一步强调了"人道"的重要，专门论述如何处理人与人之间的关系问题，这在儒学思想史上可以说是孔子的重大贡献。而且"仁"学为后世的统治者利用并加以改造，成为一套思想体系，起着维护封建统治的思想工具的作用。就其伦理"仁"学和"仁政"政治学说而言，既有保守的东西，也有进步的因素。对不是立足于追求眼前的事功，而是着眼于长治久安的统治阶级来讲，孔子的学说正符合他们的要求。因此，当历史迈过社会大变动的春秋战国时期，度过短暂的秦帝国，在汉代开始进入稳步发展的封建社会以后，他的政治伦理学说就为历代统治者广为崇奉，对后世起了巨大而深远的影响。

（5）教育思想。孔子的教育学说主要有：在学习态度上，孔子倡导"知之为知之，不知为不知"（知道就是知道，不知道就是不知道）。在治学方法上，孔子主张反复温习。他说："学而时习之，不亦说乎"（学习而且时常温习，这不是很快乐的事吗）；又说："温故而知新，可以为师矣"（温习过去学习过的能体会出新的知识，这就可以做老师了）。他还主张学习要有恒心，要坚持不懈，努力进取，从不停止。孔子很强调主观努力，把它比喻为用土造山，要永远不休止地努力，就差一筐土便可以成山了，若停下来，那是自己要停止的；又比如平地，虽刚倒一筐土，若能不断前进，那是自己要前进的。同时孔子反对主观成见，主张"毋意、毋必、毋固、毋我"（不猜测，不武断，不固执，不自以为是）。又主张"多闻"、"多见"以扩大知识面。在学习与思考的关系上，孔子主张学思相结合。他说："学而不思则罔，思而不学则殆"（只学习不思考就会迷惑，只思考不学习则是危险的）。孔子对前人的知识很重视，主张借鉴，认为要沿着前人的脚步前进，才能获得成功。以上这些学习态度和治学方法，尊重客观事实，反对主观成见，具有唯物主义的因素。

在教学方法上，孔子总结了"因材施教"的教育法，根据不同程度、不同特点的学生，用不同的方法进行教育。他还提出启发式教育。他说"不愤不启，不悱不发，举一隅不以三隅反，则不复也"（若不发奋学习，我不会去开导他；若不是独立思考，而且反复思考还想不通，我也不去引导他使其提高认识。当我告诉他一个方向，他却不能由此类推还有其他三个方向的人，我也就不打算再教他了）。总之，孔子是要受教育的弟子们开动脑筋积极思考，启发其学习的主动性，在他们有进一步追求的情况下才去辩难、解惑。而对于那种不能举一反三的学生，孔子就暂时不答复他，不答复也是一种教育，是为了启发弟子去积极思考。这里包含有辩证法的因素。

孔子倡导私人讲学之风，打破了"学在官府"的传统，为战国时代的"百家争鸣"开了先河。孔子在教学实践中提倡"有教无类"，即教育的对象不分贵贱等级，这就大大扩大了教育的范围。据说孔子所教的学生有三千，其中精通礼、乐、射、御、书、数和《诗》、《书》、《礼》、《乐》、《易》、《春秋》"六艺"的就有七十二人。可谓桃李满天下。他一生从事教育，循循善诱，诲人不倦，终于在教育事业上获得了丰硕的成果。

在先秦时代所有的学派和学者当中，孔子在保存、整理、传授古代文献方面，作出的贡献最大。对前世流传下来的文献书籍，一方面努力学习，同时又加以不同程度的整理，如：对《诗》做过一些删去重复和文字订正的工作；对《书》也进行过若干编辑整理工作；他对夏商周三代的礼制作过深入的比较研究；他爱好音乐，也审查整理过《乐》；晚年喜《易》，以至"韦编三绝"（牛皮绳断了三次）；鲁国的编年史《春秋》，据传也由孔子加工订正。但是，孔子对古代文献"述而不作，信而好古"（遵循古人原著，不改动，但要提出疑问）。

孔子一生以主要精力从事教育和整理古典文献的工作，对我国古代文化教育的贡献是很大的。

（6）对孔子的评价及他对后世的影响。孔子生前，以博学多识而名著鲁国内外，而在政治上并不得意，多次碰壁，所以有"天下谁能崇信我"的叹息。春秋末，各诸侯国多改变古制并热衷于兼并战争，作为儒家的孔子，其"仁"、"礼"那一套太过保守，只能被束之高阁。到孔子死后儒家内部分为若干派别，儒家后学对其创始人孔子的思想既有继承，又有不同的阐发，甚至改变。他们均明显地突破了孔子学说的藩篱，后代儒家，更是依照现实，对儒学作了补充与修正，还对孔子学说的原意作了不同程度的修改，以适应时局。因此，如何评价孔子，要做具体的分析。孔子是中国古代历史上影响最大的思想家。他的政治、伦理思想有明显保守的一面，但也有不少积极的成分，孔子作为古代一位大教育家和学者，在中国文化发展上有过开创性的、划时代的重大贡献。他的教育思想，为中国古代教育奠定了理论基础；他所保存的古代文化典籍，都是中华民族重要的精神文化遗产。

孔子对后世的影响极其深远。秦武力统一全国，以法家思想治国，后又焚书坑儒，儒家受到重大打击。但秦统治时间不长。至汉代，统治者因秦亡教训，又考虑到长治久安和加强思想控制的需要，孔子学说大受重视。汉武帝独尊儒术，儒家思想成为官方钦定的正统思想，自此孔子地位一跃至先秦诸子之上。后世历代统治者竭力尊崇孔子，不断抬高其地位，除表彰孔子之道外，还屡加尊谥，建庙祭祀，对其后裔赐以爵位和特权。孔子成为高高在上的圣人，他的学说和后人假托于他的一些学说成为历代统治者必用的思想工具，维护了长达两千多年的封建统治秩序。

先秦儒家的流派

孔子的学生据《吕氏春秋·遇合》、《史记·孔子世家》和《淮南子·泰族训》等都说有"三千人"，而有名者在七十多人。《论语》中可考的有三十人左右。孔子死后，他的弟子继续传播孔子的思想，因其弟子多，而使儒家有所分化，便有了各种流派。据《史记·儒林传》记载："自从孔子死后，孔门弟子（即'七十子之徒'）纷纷游说诸侯，位高的有成为诸侯的师傅或卿相的；位低的有做了士大夫的师傅或朋友的；有的则隐居起来。其中子路居住在卫国，子张居住在陈国，澹台子羽居于楚国，子夏居住在魏国的西河，子贡始终在齐国。如像田子方、段干木、吴起、禽滑厘等人，都是子夏的学生，而成为王侯的老师。"这是从孔门弟子在孔子死后的分布而说的。《韩非子·显学》则直接说："自从孔子死后，儒家分为子张氏、子思氏、颜氏、孟氏、漆雕氏、仲良氏、孙氏、乐正氏。"其中子张氏一派指子张的后学；颜氏一派指颜渊的后学；孟氏一派指孟轲的后学；漆雕氏一派指漆雕开的后学；仲良氏一派，据郭沫若考证是指《孟子·滕文公上》所说的陈良的一派，其活动在南方的楚国；

孙氏一派指荀况的后学；乐正氏一派指孟轲的弟子乐正子的后学。这八派中没有子夏氏。其实子夏氏一派倒是很重要的。司马迁在《史记》中详细地叙述了子夏在魏的西河讲学，教授包括魏文侯在内的许多学生。八派中的子思氏一派、孟氏一派和乐正氏一派应当是一派，即思孟学派，这一学派也很重要。尽管在这个问题上学术界还有争论，认为它并不存在。但我们认为，思孟学派是历史上的客观存在，是不可否认的事实，如果否认了它，儒家中对佛教和宋明理学有过很大影响的思孟学派，就被埋没而说不清楚了，因此我们要着重说一说。还有一派，即荀子（孙氏）一派，对后世影响也很大，我们也要着重介绍。

子夏的儒学思想与西河之学

（1）生平。子夏（公元前507年～？），姓卜名商，子夏是其字。卫人，或说是晋国温人。比孔子小44岁，幼年时家贫穷，但他努力学习，因此《论语·子张》记载他"博学而笃志"，即学识渊博，为人笃实。他是孔门弟子中文学类的高足（《论语·先进》）。子夏又崇尚武勇，《孟子·公孙丑上》把他与不畏强暴不受侮辱的北宫黝相提并论。他善于学习别人的长处，喜欢和比自己贤能的人交朋友。任过鲁国的"莒父宰"，即今山东高密县东南的地方长官。孔子死后他在魏的西河讲学。他对礼节仪式十分熟悉，对古代文献典籍也很重视，并善于讲解，尤其是对《诗》、《书》

和《春秋》。《后汉书·徐防传》说子夏是解释儒家经典的章句之学的首倡者。因此他对我国古代文献典籍的继承和传授有特殊的贡献。

关于子夏一派没有列入儒家八派的原因，郭沫若认为："这是韩非承认法家出于子夏，也就是自己的祖宗，故把他从儒家中剔除了"（《十批判书·儒家八派的批判》）。由此看来，子夏的思想在思想史上确有其重要地位，他是由儒家向法家转化的过渡性人物。

（2）重"势"与法治思想倾向。子夏在孔门弟子中是比较有独立思考能力的。他提出的问题常常能启发孔子，比如有一次子夏提出关于《诗》的问题请教孔子，孔子回答："先有白色的底子，然后才好画图画。"子夏接着问："那么礼是不是产生于仁义之后呢？"孔子说："卜商的话启发了我呵，这样就可以和我讨论《诗》了。"（《论语·八佾》）

关于交友之道，子夏认为"可与者与之，其不可者拒之"（同上），即可以赞同的就赞同，而不可以赞同的就应该拒绝。可见他是态度鲜明，有原则性的。《荀子·大略》记载子夏家里贫穷，衣服很单薄，有人问他为何不托人求个官做，他说，诸侯对我傲慢的，我不愿跟他为臣，大夫对我傲慢的，我不愿再去见他。鲁国的贤人柳下惠与宫里的看门人穿一样破旧的衣服，而人们并不怀疑他。况且因为争指甲那么大一点利益，而伤害了手掌，这种事人们是不肯干的。可见子夏为人正派，并不趋炎附势。因此《孟子·公孙丑上》记载孟子曾肯定"子夏、子游、子张皆有圣人之一体"。

可见对子夏评价并不低。

但是孔子却批评他没有达到"中庸之道"。《论语·先进》记载孔子对子夏与子张的批评，认为子张（颛孙师）太过，而子夏不足。因此都不符合"中庸之道"的要求。而且《论语·子路》记载，子夏任莒父的地方官时，向孔子问政，孔子对他说："不要操之过急，不要贪图小利。因为操之过急反而达不到目的，贪图小利，则大事往往办不成。"从这里可以看出，在孔子眼里子夏是有点贪图小利，而又操之过急。也就是说，他有注重功利的倾向。《论语·雍也》还记载孔子批评子夏说："女为君子儒，无为小人儒。"即劝告子夏要多重视内心道德的修养，不要太注重外在事功，而流于求饱暖的小人儒。这里可见孔子已经看到了子夏尚事功的倾向，并且对他提出了批评。孔子的批评并没有错，子夏确有尚功利的思想。《论语·子张》记载子夏说"百工居肆以成其事"。这是重视实际的，同时也可见子夏有明确的社会分工的思想。《论语·子张》还记载他主张"仕而优则学，学而优则仕"。这是一种重视实用的事功思想。子夏把为政与学习的关系讲得很清楚，两者是相辅相成的。这种重视事功与实际的思想，遭到子游的反对，他认为子夏的门徒对根本（即"道"）不重视，而只注意"洒扫应对进退"（《论语·子张》）这些枝节的问题。这种批评显然是不公正的。它倒是从反面说明子夏之学注重实际的优点。子夏是通过实际来体验对道义的认识的，即"君子学以致其道"（同上）。他善于身体力行，主张事情要从具体的地方着手。他说："对妻子注重品德而不注重容貌；侍奉父母能够尽心竭力；在朝廷上侍奉君主能有献身的精神；与人交朋友，说话讲信用。如果这样就是进行学习了。"（《论语·学而》）其实这种思想并没有什么不好，当然它与法家重视功利的思想十分接近。而且他还强调"信"，主张"君子要取得民众的信任以后才能有劳于民众"（《论语·子张》）。这正是后来法家"示民以信"的思想。

而子夏还有很可贵的重"势"的思想。《韩非子·外储说右上》记载，子夏说："善持势者早绝奸之萌"。这是他总结《春秋》的历史（其中有不少臣弑其君、子弑其父的事实）而得出的重"势"的思想，即利用权势来防止这种奸诈的阴谋的发生。子夏关于"势"的理论对以后的法家有直接的影响。活动于齐宣王、齐湣王时的慎到，其贵"势"的学说，当是来源于子夏。以后韩非总结法家的理论，将"势"作为法家法、术、势三大理论组成部分之一。因此子夏可以说是法家理论的主要来源之一。我们说子夏有法治思想的倾向，是十分明显的。但是他的基本立场还是儒家，并没有完成由儒家向法家思想的过渡。

（3）西河之学与子夏改革思想的不彻底性。子夏在魏国西河讲学，受到魏文侯的支持，因而形成了以子夏为首的西河之学。《后汉书·徐防传》李贤注说："子夏居西河，教弟子三百人。"这是一个很有影响的学术集团。它包括了魏文侯在内的一批有学问、有才干的人物，在魏国初期的变法改革中起了积极的作用。

当然这与子夏的思想不能没有关系，子夏在政治上也是主张改革的。他在同魏文侯讨论礼乐时就提出过他的政治主张，他说："圣人提出以君臣父子作为'纪纲'，'纪纲'已经正了，天下便得到安定，天下得到安定，然后才能正音律，和五声。"他以为音乐是"用来区别贵贱的等级，使其各自得到适宜的地位。这就是表示为后世之所以有尊卑长幼的次序"（《史记·乐书》）。在这些带有浓厚儒家色彩的言论中，表达了子夏对建立新的封建统治的政治秩序的构想。他还告诉魏文侯，在听到各种不同的音乐时要思念各种不同类别的大臣。如听到钟声就要思念武臣，听到磬声就要思念封疆之臣，听到琴瑟的声音就要思念忠义之臣，听到竽笙箫等管乐的声音，就要思念理政的大臣，听到鼓声就要思念带兵作战的将帅。（同上）这就是说，要从音乐中联系到为政的志向，使两者符合。只要君主与朝廷中各个方面的大臣协调一致了，达到互相尊敬协和的地步，就什么事情都可以办成了。子夏这种思想，是适应魏国当时社会发展需要而提出来的，对魏文侯的变法改革无疑起了推动的作用。不仅如此，他所说的建立以君臣父子为"纪纲"的观点，成了以后经过荀子、韩非和董仲舒而形成的对中国封建社会有重大影响的"三纲"之说的理论基础。

但是子夏的思想并不彻底，他只是一个从儒家向法家过渡的人物，他没有完成这个转化。这个转化最后是由他的学生李悝等人完成的。子夏因为处于春秋战国之际，正是社会制度新旧交替的时代，而他的思想也反映了这个时代的矛盾性。他既有新的思想，也有旧的思想。他赞成新制度，但对新制度又缺乏清醒的认识，于是不可避免地就会发生两种思想在他的头脑中展开激烈的交战。《史记·礼书》对这种状态有十分形象的描写："周代衰微，礼坏乐崩……遵守法纪的人在世上受侮辱，而奢侈骄横僭越礼制的人得到表彰与荣誉，子夏这个孔门高足曾说：'出门看见五彩缤纷、繁华与漂亮的情景而感到愉快，回到家来听到老师（孔子）的道理又感到快乐。这两种思想在内心展开着战斗，而不能决其胜负。"《韩非子·喻老》和《淮南子·精神训》也有类似的记载。《韩非子》的记载是把"富贵之乐"看成新事物，而把"先王之义"看成是旧观念。这两者在心中作战，有时是新的战胜旧的，有时又是旧的战胜了新的。然而最后的结局还是旧的战胜了新的。子夏终于没有完成由儒家向法家的转化。不过子夏这种儒法转化的作用，在儒学思想史上是值得重视的。

子思的儒学思想与思孟学派

（1）生平。子思（约公元前 492～前 402 年）姓孔名伋。他是孔鲤的儿子、孔子的孙子，曾参的学生（也有人说他是子游的学生）。子思曾在鲁穆公时受到尊宠。《孟子·告子下》记载淳于髡的话："鲁穆公的时候，公仪休主持朝政，子柳、子思为臣。"公仪休、子思都是贤臣，鲁穆公常向子思问政，并能接受其意见，而且付诸实行。因此这段时期鲁国在政治上还算比较好。《中庸》是子思晚年"尝困于宋"时的著作（《史记·孔子世家》），经思孟学派在战国后期整理成书。《汉书·艺文志》有《子思》23篇，《隋书·艺文志》有《子思子》7卷，但已亡佚。清末黄以周辑有《子思子》7卷。保存在《礼记》中的《中庸》、《表记》、《坊记》当是子思的著作。1993年冬，湖北荆门郭店一楚墓出土了大量竹简，经荆门博物馆整理为《郭店楚墓竹简》，由文物出版社1998年5月出版。经李学勤、庞朴等专家考订，认为其中《淄衣》、《鲁穆公问子思》等多篇是子思的著作。这一重大考古发现将进一步推动对子思与思孟学派的研究，也将大大推动对儒家思想史的研究。

（2）对孔子"中庸"思想的发展。《中庸》反映了子思的思想，其中关于"中庸"的论述发展了孔子的思想。孔子把"中庸"作为一种道德观念，《论语·雍也》记载孔子说："中庸这种品德，是十分高尚啊！民众中很久以来少有人懂得它了。"（"中庸之为德也，其至矣乎！民鲜久矣。"）《中庸》记载子路向孔子问什么是强，孔子把强分为三种：一是"南方之强"，这种强教人宽厚待人，虽然遭人无理取闹，也不报复；二是"北方之强"，这种强要求人刚强好斗，兵戎相见，虽死无怨；三是"君子之强"，这种强要求"和而不流，中立而不倚"，即严守"中庸之道"，既不像"南方之强"那样柔弱，又不像"北方之强"那样过分刚强。前者是"不及"，后者是"太过"，都不符合

"中庸之道"的要求。只有"君子之强"才符合"中庸之道"的要求。因为它不偏不倚，又不同流合污，在国家有道的时期，能不改变自己的节操，在国家昏乱的时期，也固守善道，绝不随波逐流。这里把"中庸"的思想解释得既形象生动，又通俗易懂。同时又解释了为什么"中庸"这种品德一般人很少能够实行。

子思对孔子"中庸"思想的发展，主要表现在他将"中庸"从一种伦理道德规范进而上升到世界观的高度。子思认为，"中"是"天下之大本"，"和"是"天下之达道"，只要能够达到"中和"（即"中庸"）就能懂得天地化生万物的道理或法则。也就是说，"中庸"是宇宙的根本法则。对于"中和"子思还有具体的解释，他说，"中"是人的欢喜、愤怒、悲哀、快乐还没有表露出来，只是潜伏于内心的时候的一种状态；"和"是这种状态表露出来符合一定的要求，即达到规范化的标准（"发而皆中节"）。也就是既不"过"，又不"不及"，而是恰到好处。

"时中"是《中庸》里提出的解释"中庸"的一个重要的哲学概念，很能说明"中庸"的本质含义。这样解释就把孔子"中庸"的形象描绘得相当准确了。《孟子·万章下》所说孔子是"圣之时者"，当是受了子思"时中"概念的直接影响。

子思所说的"道中庸"，在社会上如何为人处事呢？就是叫人安分守己，各自做好本分以内的事，不可有任何非分的念头，从而达到安贫乐道，听天由命。这有利于维持社会的稳定，很容易为封建统治者所接

受。(参见钟肇鹏《孔子研究》，中国社会科学出版社，1990，增订第二版，第214～224页)

上述大大丰富了孔子"中庸之道"的内容。而子思关于"诚"的论述更是他对儒家思想的重大贡献。

(3)"诚"与五行说的伦理化。子思在《中庸》里提出的"诚"和与此紧密相联系的五行说，是思孟学派的重要内容。"诚"是其哲学的最高范畴，也是道德准则。子思说，"诚"就是"天道"(《中庸》第27章)。而"天道"即是"天命"。他还认为，天命就是"性"，遵循"性"，就是"道"。也就是说，"诚"既是"天命"，又是"性"，又是"道"。子思在《中庸》第25章还认为，"诚"是万物的本原。如果没有"诚"，就没有万物，也就是说，主观上的"诚"是第一性的，而客观上存在的"物"是第二性的。以"诚"这种主观精神来说明世界的产生和发展的学说，当然是一种唯心主义的哲学。

子思的思想具有一大特色，即神秘性。《中庸》第24章说："至诚如神"。即"诚"达到极点就如同神一样，具有无比神秘的威力。甚至还认为，只要"诚"达到极点，就可以预卜凶吉。国家将要兴旺，就一定有祯祥的预兆。而国家将要灭亡，就一定有妖孽出现。可见"诚"与天和鬼神是一脉相通的，即是"天人合一"的。子思认为，达到"诚"的途径，就是"尽其性"，即充分发挥人的善性("尽人之性")，再进一步充分发挥物的本性("尽物之性")，便能够成就天地衍化生育万物("赞天地之化育")，从而达到与天地相通（"与天地参"）的境界（《中庸》第22章）。这一过程，就是孟子所说的"尽心"、"知性"、"知天"，从而达到"天人合一"的神秘境界。这种思想对汉代的董仲舒和宋儒都有相当大的影响。

子思提出的"诚"，在中国思想史上具有很大的意义。这是因殷亡以后，为了说明周为什么能够取代殷而统治天下的问题，周公提出"敬德"来修补天命思想；春秋后期，天命思想受到冲击，摇摇欲坠，孔子提出"仁"这种道德规范，企图用来调和人与人之间的矛盾。"仁"本身虽然没有上帝的成分，但孔子思想中仍然保留了上帝的地位，并把它泛神化。"诚"这种思想是将孔子伦理思想扩大化，从而更广泛、更唯心主义化，以至于趋向宗教性的思想。这是思孟学派对儒家思想的重大发展，从而为儒家思想奠定了哲学基础。

子思的"诚"与五行说有密切的关系。郑玄注《中庸》第1章"天命之谓性"时，说："木神则仁，金神则义，火神则礼，水神则智，土神则信。"即是说，"天命之谓性"，包含了五行的内容。章太炎的《章氏丛书·子思孟轲五行说》认为这是子思的思想。这儿需要说明的是，《中庸》里的"诚"就是"信"。子思说："诚者不勉而中，不思而得，从容中道，圣人也。"（《中庸》第20章）由此可见，"诚"就是"中道"，也就是，"中庸之道"，是五行的"土神则信"的土，居中央。可见"信"也就是"中道"。因此"诚"就是"信"。就《中庸》而言，用"诚"来代替

"信"更容易使人理解。子思的著作中虽然没有"金、木、水、火、土"五行字样，但其中五行说的内容确是存在的。

《孟子》中的五行说，从表面上看难以发现，但事实上是存在的。据庞朴研究，《孟子·尽心下》所说的"仁"、"义"、"礼"、"智"、"圣"就是五行。因为1973年12月湖南长沙马王堆第三号汉墓出土《老子》甲本卷后古佚书中，提到"聪"、"圣"、"义"、"明"、"智"、"仁"、"礼"、"乐"等几种道德规范，并用"五行"和"四行"来加以概括：称"仁"、"义"、"礼"、"智"为"四行"，以"仁"、"义"、"礼"、"智"、"圣"为五行。上述八种道德规范，正是《庄子·在宥》所反对的。贾谊《新书·六术》说："人亦有仁、义、礼、智、圣之行。"这正好是五行，再加上"乐"就是"六行"。根据以上材料，则《孟子·尽心下》所说"仁之于父子也，义之于君臣也，礼之于宾主也，智之于贤者也，圣人（"人"字衍）之于天道也，命也；有性焉，君子不谓命也"这段话就容易理解了。这里所说的"仁"、"义"、"礼"、"智"、"圣"，与《老子》甲本卷前古佚书和《新书·六术》所说的"五行"是一样的。可见《孟子》中的"仁"、"义"、"礼"、"智"、"圣"，正是孟子五行说的内容。（参见庞朴《马王堆帛书解开了子思五行说之谜》，载《文物》1977年第10期）

"圣"是什么呢？应该就是"诚"。孟子说，"圣人（"人"字衍）之于天道也"，与孟子在另一个地方所说"诚者天之道也"（《孟子·离娄上》）联系起来看，"诚"就是"天道"，因为"诚"与"圣"处于相同的地位。《中庸》所说"从容中道圣人也"与《孟子·尽心下》所说"圣人之于天道也"，意思是相同的。可见"圣"就是"诚"，就是"中道"。它在五行中所处的地位相当于"土神则信"的中央。事实上"诚"就是"信"。

从这里可以看出思孟学派五行说的发展变化：子思首先提出"诚"的哲学概念，它是居于五行中央位置的。孟子继承子思的思想，把"诚"发展为"圣"，并使思孟学派的五行说定型为"仁"、"义"、"礼"、"智"、"圣"，以至于为西汉以后的人所沿用。

思孟学派的五行为"仁"、"义"、"礼"、"智"、"圣"，这些概念本是儒家经常使用的。那么荀子为什么要批评它"甚僻违而无类，幽隐而无说，闭约而无解"呢？关键在于子思、孟子把这五个概念不顾其"类"的不同，加以排列为"仁、义、礼、智、圣"的五行顺序，而成为闭约的体系，并将其纳入人心，即"仁、义、礼、智根于心"；归入人性，即人性的"四端"；委诸于命，即形成"尽心"、"知性"、"知天"的"天人合一"的思想体系。这就赋予了五行说以幽隐的内容，从而便于他们依据过去旧的五行说来编造新的伦理化了的五行说，即"按往旧造说"。

思孟学派还认为，在"仁、义、礼、智、圣"这五行之中，"仁、义"是一组，"仁"又是根本的。"智、圣"是一组，而其中"圣"更高明。这两组中，前者又是根本，后者是对前者的理解和力行。"礼"处于两者之间，正合于《礼记·仲尼燕居》所说的"礼所以制中"的原则。另一方面，他们又认为"仁、义、礼、智"四行，以人为对象，而"圣"独以天道为对象。这些确实是"幽隐"、"闭约"的。荀子有如此批评，就不奇怪了。（参见庞朴《思孟五行新考》，载《文史》第七辑）

总之，思孟学派的五行说，把构成世界的金、木、水、火、土五种物质元素赋予了伦理道德的内容，于是就把过去具有朴素唯物主义的五行说唯心主义化了。而这种思想对阴阳家邹衍具有很大的影响。

（4）思孟学派的客观存在。思孟学派在中国思想发展史上是客观存在的。上面我们谈到儒家学派时已经提及《韩非子》所说的子思氏一派、孟氏一派、乐正氏一派，三者实际上就是一派，即思孟学派。现在我们简要论述这一学派的来龙去脉。

从师承上来考察，《荀子·解蔽》把曾子（曾参）看作子思、孟子的先驱，曾子在孔子死后广收门徒，并自以为是孔门的正传。《孟子》对曾子、子思十分推崇，显然也承认这种师承关系。孟子说他是子思的"私淑弟子"，司马迁说，孟子"受业于子思之门人"（《史记·孟子荀卿列传》），即孟子没有直接受业于子思，而是子思的再传弟子。而《孟子》明确记载乐正克是孟子的学生。因此把子思、孟子、乐正克说成是一个学派，即思孟学派，是符合历史事实的。这一事实得到理学家们的承认。《二程语录》和《朱子语类》

都对曾子、子思、孟子等的师承关系有清楚的记载。而叶适《习学记言》卷13否认曾子是孔门正传之说，但肯定曾子、子思、孟子为一个学派。至于曾子是否为孔门的正传，在历史上就有争论。但是这种争论价值不大，我们可以不必管它，而只需弄清思孟学派是客观存在，就足够了。

从思想的一致性来看，上面我们已经谈到孟子的思想受了子思的影响，二者在强调内省的认识途径、主观唯心论思想体系等方面都是一致的。因此《荀子·非十二子》把子思和孟子当成一个学派来批评，是一点也不奇怪的。

从对后世的影响来看，无论是子思、孟子的伦理化的五行说对汉代董仲舒的影响，还是他们的心性说对唐代佛教禅宗以及宋明理学的影响，都是密不可分的。

总之，不可否认，思孟学派是客观上存在的。

 6　孟子的儒学思想

（1）生平。孟子名轲，公元前 380 年出生于邹（今山东省邹县），是鲁国公族孟孙氏的后代。他三岁时死了父亲，在母亲仉氏的抚养下度过了少年时代，受到良好的启蒙教育。孟母教子中的传说"孟母三迁"、"杀豚不欺子"、"断织劝学"等脍炙人口的故事，两千多年来一直为人们所传诵。

孟子是子思的再传弟子。孟子拜师孔门，深得初创儒学的精髓，这为他此后发展儒学奠定了坚实的基础。他学成后即在家乡从事教育，广收门徒；以后游历四方，到过齐、鲁、滕、魏等国；一度任齐客卿，停留在齐的时间最长。当时的齐国，是战国时各个学派荟萃的中心，设立有著名的稷下学宫。所以孟子在齐时得有机会和各家各派的学者切磋争辩，并深受稷下黄老之学的影响，把儒家思想推向一个新的发展阶段。

孟子年老之后，再也无力周游列国，就带着他的学生万章、公孙丑等人回到了家乡。在以后的岁月里，他和学生一起总结一生的思想、活动，编著了《孟子》七篇。该书翔实地记载了孟子的思想、言论和事迹，保存了丰富的史料，是研究孟子思想和先秦文学、历史和哲学的重要著作。公元前305年，孟子在家乡去世，终年84岁。

（2）性善论。孟子认为，人的本性天生是善的，每个人生来就具有怜悯同情之心、羞耻憎恶之心、恭敬辞让之心和是非之心。这四种心是仁、义、礼、智四种道德观念的萌芽。人有这四种萌芽，如同他有手足四肢一样是与生俱来的。如果人们能把这四种萌芽扩充开来，那会像刚刚燃起的火，越烧越旺，不可扑灭；也会像刚刚流出的泉水，终将汇成江河，不可遏止。如果能够扩充这四种萌芽，就足以安定天下；如果不能扩充，就连自己的父母也不能奉养。

孟子的性善论是从抢救落井儿童的事情中引申发挥出来的。他比喻说，一个人突然看见小孩将掉入井里，自然会产生惊骇和同情心。这时他在思想上并没有沽名钓誉的念头和其他打算，有的只能是人性本善的"恻隐之心"，也就是人生来就具有的"良知"、"良能"，它们会发生作用，促使他去赶快抢救。因此，孟子认为如果没有怜悯同情等四种心就不是人，只要是人就都会有这四种心。这是人类共同的本性，是人与禽兽相区别的标志。这四种心是并列的，但孟子认为怜悯同情之心最为重要，是仁政产生的依据，因此性善论成为其仁政学说的理论基础。

但是，为什么有的人性恶呢？孟子认为，天生资质是可以为善的，不善并非资质的罪过，而是因为不能充分发挥它而陷于物欲。他把人性本善比成茂盛的树木，如果白天老是用刀斧砍伐，树木就不会茂盛了。（《孟子·告子上》）因此，他提出要存"夜气"，即人虽然在白天"放其良心"，干了不少坏事，但若能在夜静更深时平心静气地扪心自问，使觉惭愧，就想改邪归正了。正如山上的树木被刀斧砍伐之后，经过雨露的滋润，又长出一些新的枝叶来一样，这就是良心的发现。只有那种不能存"夜气"的人，才与禽兽无别。因此孟子认为，人只要不为物欲所牵引而充分发挥其善端，那"人人都可以成为尧舜了"。

孟子认为人都有不忍人之心（即"恻隐之心"）。先王有不忍人之心，他就有不忍人的仁政；以不忍人之心，施行不忍人的政治，治理天下就很容易了。孟子的仁政主张就是这样推论出来的。

孟子的性善论，从理论上系统地讨论了人类的共同本性问题，这是对人类认识史的贡献，应当加以肯定。但是，性善论掩盖了人的社会性。他虽然认为人人都具有善端，然而只有有道德的君子才能扩而充之，而民众则不能保存。（《孟子·离娄下》）孟子的这种天赋仁、义、礼、智道德观念，属于唯心主义的抽象人性论。

（3）天道观。孟子关于"天"的含义，大概有三种：一是上帝，造物主；二是道德的天；三是自然的天。在《孟子》书中，天就是上帝，即人们想象中的造物主。它是至高无上的，是万事万物的主宰者，有超人的力量。他认为人间的秩序是由天安排的；统治人民的国君，就是天的儿子，即国君；天子是上帝的助手或代表，是由天选择的。（《孟子·万章上》）国君只有"乐天"（即顺着天意）和"畏天"（即敬畏天理），才能保持自己的统治地位。如果不这样，就要遭到天的惩罚，"顺之则存，逆之则亡"（《孟子·离娄上》）。天是道德的天，这与西周的天命思想有所不同。孟子在天与人的关系上注意到了人的作用的一方面，他一方面认为君权是天授的，另一方面又强调"民意"的认可。在《孟子·尽心下》中，他说只有得到民众拥护的人才能当天子。这也表现在他对待"齐人伐燕"得胜之后是否吞并燕国的态度上，他归之于要看燕国的老百姓是否乐意而定。这里孟子以民意否定了齐宣王所说的天意。应该说这是西周、春秋以来重民轻天思想的进一步发展。另外，天是日月星辰、风雨晦明的总称，天具有自然规律的意思。这是他的天道中的唯物主义因素。

孟子基本上是宿命论的鼓吹者。他认为一个人短命或长寿、当官或不当官，都是由命决定的，人们只能等待命运的安排。孟子提出了"分定"（《孟子·尽心上》）说，认为人得于天的性分是不同的，即天使得人与人之间的社会地位有所差别。因此应该安分守己，听天由命。但他也主张发挥人的主观能动性，只不过有一定限度，最后仍取决于天命。这一思想源于慎到的"定分"说而又有所改造。

孟子的天道观既有客观唯心主义，又有主观唯心主义，他用"天人合一"把两者结合起来。他提出"尽心"、"知性"说，要守住行善的本心，培养那种天生是善的性，这样就和天的道理相符合，所以就能事奉天了。这个过程是：从"尽心"、"知性"到"知天"，从"存心"、"养性"到"事天"，最终达到"天人合一"的神秘境界，从而也构成了他尽心—知性—知天的主观唯心主义哲学体系。

（4）"养浩然之气"的认识论。孟子的认识论是唯心论的唯理论。其特点是强调"心"在认识中的重要作用。他认为耳朵眼睛这样的器官是不能思考的，因而受到外物的蒙蔽，一旦与外物相接触，就被引向迷途了。在孟子看来，获得感性认识（即经验）的耳朵、眼睛之类的器官的重要作用，被完全否定了，只有"心"这个器官是用来思考的。只要思考就有收获，不思考就没有收获。心是"大者"，耳目之官是"小者"，要先立"大者"，不然耳目之官会干扰"心"的作用。这就夸大了"心"的作用，只承认理性认识的重要性，而否定了感性认识。这样的认识论就是唯心主义的唯理论，同时还带有先验论的色彩。他认为理性认识是天所赋予的，因而人具有天赋的"良知"、"良能"。人天生就知道爱亲敬兄，具有仁义礼智四种道德，这些好像人的四肢一样，是每个人生来所固有的，不是由外部加于人的。有的人所以失去它们，是没有很好地用"心"去思考。这说明他在认识来源问题上的先验论观点是很明确的，也是很牢固的。

因此，孟子的认识途径是纯粹的闭门修养，内心反省。孟子特别重视"养心"，他认为"养心"的最好办法是"寡欲"，即减少人的物质欲望（《孟子·尽心下》）。同时，他又提出存"夜气"（《孟子·告子上》）、"养浩然之气"、"不动心"（《孟子·公孙丑上》）、"求放心"（《孟子·告子上》）作为养心的具体途径。通过"内省"和"养心"就可达到"万物皆备于我"（《孟子·尽心上》）的最高精神境界，即只要内心苦思冥想，什么知识都可以获得，用不着向外界学习。

孟子的认识论从总体上看是唯心主义的，但并不排除具体问题上有唯物主义的因素。比如他一方面强调"内省"、"求放心"，但又重视学习知识，重视教育；他重视物质生活和环境对人的影响，认为人必须经历各种磨难才能胜重任；他还反对片面的认识，重视调查研究，认为人对自然规律是可以认识的。

（5）仁政学说。建立在以上这些思想基础上的仁政学说，是孟子给现实开的一剂药方。从"仁政"出发，他提出了著名的"民贵君轻"的学说（《孟子·尽心下》）。"民"是政治的基础，因此，天子要把君位让与某人，也要"民"接受才行。君臣关系则是相对的、有条件的，孟子认为君主把臣下看得如同手足一样，臣下就会待君主如同对待心腹一样；君主如把臣下看作犬马，则臣下把君主看作国人；君主把臣下当作小草一样一钱不值，臣下就会把君主当作敌人。国君若不实行"仁政"就可以被流放，甚至认为杀昏暴之君不叫杀君，而叫杀死一个普通人。这里，不存在臣对君绝对服从的问题。孟子看到了人民的力量不可忽视，他指出历史上所有的亡国之君，都是由于失去民心，故提出了"民贵君轻"的口号，要得民心才能得天下。

孟子的君臣学说与韩非的君臣说有很大的区别。《韩非子·备内》认为，君臣之间，国君与其家庭成员和左右亲近之间，都充满着尖锐的矛盾。他说，群臣服从国君，并不是有骨肉之亲，而是受到国君权威的束缚，不得不如此。一旦臣下羽毛丰满，条件成熟，就可能对君主取而代之。一切大权皆集中在国君一人手中，全国民众都对他一人负责，这样才能在天下称王。韩非是站在维护君主的绝对统治权的立场上说话的，其君臣说直接为专制主义的中央集权的封建政权——秦王朝的建立奠定了理论基础。但是秦王朝的迅速灭亡，使法家君权绝对至上的君臣说彻底破产了，而儒家君臣说却产生极大的反响。既然"民为贵"，得民心就要实行"仁政"。怎样实行"仁政"呢？第一，为民制恒产。孟子主张实行井田制。这当然不同于奴隶制下的井田制，而是由他改造过的一种封建国有土地制，即农民要有"恒产"（《孟子·滕文公上》）。孟子的"井田"是一种托古改制的办法，因此他的主张具有浓厚的改良主义色彩。第二，保护农业。他提出兵役、徭役要不误农时，并提出了具体措施。春耕春播之时，对耕种有困难的要适当补助；秋收之后，赋敛不要过重，对生活上不能维持最低水平的应予帮助。第三，减轻租税。他主张征收"什一之税"（即十分抽一的税制）。对商人主张在市场上为商人提供存放货物的地方，而不收商品税，按规定的价格收购滞销的货物，使之不长期积压。所有的关卡都不抽税，只负责检查。第四，减轻刑罚。犯罪的人不连累妻室儿女。他提出当时人犯法的原因是衣食不足，无业可守。这样他们救死不遑，哪有工夫去讲礼义呢？（《孟子·梁惠王上》）·因此，他以为如果使家家都有粮食，那么老百姓哪有不仁的呢？第五，主张教育。这是防止"犯上作乱"的重要措施。其内容是"明人伦"（明白人与人之间的道德关系，以君臣、父子、夫妻、兄弟、朋友为五伦）。

执行"仁政"措施的只有贤德的人才行，他主张用禅让制以求得贤德之君。在君臣关系上，国君不能为所欲为，对"臣"要尊重，国君若不尽其职，就与臣下不尽职同罪；国君若不贤，不实行"仁政"，可以流放。贤君则必广用贤才，而且要尊敬贤才，还要破格用人，这样才算得上"尚贤"。为了给实行仁政营造一个良好的环境，孟子竭力反对战争，主张统一，并建立"仁义之师"来完成天下统一的大业。

（6）对孟子儒学思想的评价。孟子生在战国中期，当时诸子蜂起，相互辩难，儒家思想受到墨家和以杨朱为代表的杨朱学派的挑战。这时，儒家要想继续存在和发展，就得适应新旧社会的激烈变动和百家争鸣的新形势。这一任务正是由孟子完成的。孟子在维护孔子基本观点的同时，又根据战国时期社会出现的新变化，对孔子的某些思想作了重点发挥，并提出了一些适应新形势的观点，进一步完善了早期儒家的学说，成了继创始人孔子之后儒家学派的奠基人。在以后两千多年的中国封建社会中，他得以和孔子一起成为处于独尊地位的儒家的代表人物。

7 荀子的儒学思想

（1）生平。荀子名况，字卿，也叫孙卿，战国时赵国人，生活于战国末期，其生卒年已不可确考。从事学术活动的年代约是公元前298年至前238年。荀子一生活动范围广泛，曾到过赵、燕、楚、秦、齐等国。他到燕国时，正值燕王哙当政，但不受尊重；他在齐稷下学宫时间相当长，曾作过三次"祭酒"（德高望重的学宫的主讲）；在赵国，曾在赵孝成王面前与临武君辩论军事；在秦国，曾考察过政治，谒见秦昭王和首相范雎，讨论如何治理国家；在楚国，当过春申君的兰陵（今山东苍山县）令，后春申君被李园刺死，他的官也做不成了。于是自此留在兰陵，著书数万言，流传后世有《荀子》一书。荀子曾教过不少学生，传授他的学术思想。

荀子也像孔子、孟子那样抱有治国平天下的理想，因此周游列国，想从政治上施展他的抱负。其学说和思想，历史上都说"荀子之学出孔子"，把他列入儒家。但由谁传授而来，已难于考定。何况他在稷下学宫的时间很长，不可避免吸收了当时各家的优秀思想，融合了自己的见解，著书立说，传授学生，确也能自成一家。他的两名学生韩非和李斯皆为法家的著名人物，从中也可看出荀子学说的庞杂性。

（2）性恶论。荀子的性恶论是他的政治思想的理论基础，它是为了反对孟子的"性善论"而提出的。

他说"人之性恶，其善者伪也"（《荀子·性恶》）。"伪"字，本身就是"人"、"为"二字合成，意思就是"人为"，正和"天生"的"性"字相对。故这句话意思就是"恶是天生的，善是人为的"。举例说人总是表示愿意为善，这就可见人的本性是恶的。为什么呢？一般人的心理，薄的才想求厚，丑的才想求美，窄的才想求宽，穷的才想求富，贱的才想求贵。总之，本身缺少什么，才向外追求什么。反过来，富的就不想挣钱了，贵的就不想求势了。总之，本身有的东西，就不再向外追求了。由此看来，一般人都表示愿意为善，正因为本性是恶，缺少善的缘故。在荀子看来，什么是善呢？循规蹈矩、遵礼守法才是善。

55

什么是恶呢？失礼犯法、胡作非为就是恶。他说：规矩哪里来的？礼法哪里来的？是天生的吗？不是，是圣人制定的。上古圣人知道人的本性不识规矩，不懂礼法，所以建立君主、制作礼义、订定刑法，管制天下的人都循规蹈矩，遵礼守法，大家变善，天下太平。如果没有君主统治，不提出礼和法，不执行刑和罚，那么强的就要欺弱的，人多的就要欺人少的，天下就要大乱了。这样看来，人的本性显然是恶的。那怎样来改恶为善呢？荀子提出要学习"礼义"。"礼义"是古代圣王用来矫正性恶的。因为人性恶，有各种各样的欲望永远不会满足。但世上供人们消费的东西又是有限的，如果放任个人的欲望，就会产生互相间的争斗，从而造成社会混乱，故先王制定礼义来维持社会秩序。

荀子以为人性本恶，经过教育和学习，都可以化为善，也就是使桀、跖变成与尧、禹一样的人。这便打破了天子受命于天，公侯得天独厚，高贵的人一定是君子，卑贱的人天生粗鄙、注定是小人的说法。这是代表当时的新兴阶级说话，极有进步意义。他提出化性起伪，强调教育和学习，重视人力改造人性的作用，对促使社会进化也有积极意义。荀子又认为礼义法度等道德规范都是人造的，不是天生的；他更强调人的本性可以改造，强调化性为善的人为力量。这都是从实际生活中观察体验而来，其中含有很深厚的唯物主义成分。因此，荀子性恶论的思想，在战国时代还是比较进步并起着一定的积极作用的。

（3）"天行有常"的天道观。春秋战国时期，唯物主义思想有很大发展。荀子的天道观就是对这一时期唯物主义思想的高度总结，它集中反映在《荀子·天论》中。在天人关系这个问题上，荀子与孔子、孟子是对立的。他把孔子、孟子的唯心主义的"天"，改造为唯物主义的"天"。他认为天是自然现象，日月、星辰、风雨都是自然存在着的。旋转运行，出没升降，阴晴寒暖，是自然的变化，自然就是天。天是依照一定的规律行动的，所以说"天行有常"，自然界万物都按着规律在变化，没有威力无边的天神在管理支配！

荀子的思想与他所在的时代大有关系。铁制工具普遍使用，生产力极大地提高了，农业生产大大进步。人们从生产中积累了丰富的经验，取得了实际的自然科学知识，揭开了某些自然变化现象的秘密，打破了某些神权思想的权威，就引发了朴素的唯物主义思想。荀子的无神论思想，就是在这样的环境条件下形成的。

荀子不但不承认天神的威力，而且更主张人的力量可以制服天。他说过一段著名的话：把天看得非常伟大而仰慕它，怎比得把天当作一种物来畜养它，控制它？顺从天而颂扬它，怎比得认识天的变化而好好地利用它？渴望天时而坐待恩赐，怎比得因时制宜，让天时为人类服务？因物类原有的基础来求数量的自然增多，怎比得运用人的才能来使物类一天天进化？空想役使万物，怎比得把万物加以调理，使它们不失掉自己的作用？指望物类的自然发生，怎比得掌握物类生长的正常法则，使它们能由人工来培养成长？因此，要是放弃了人的力量而指望天，那是不符合事物发生、发展的真情实况的。荀子的"制天命以用之"的光辉思想，强调了人的主观能动性，有力地驳斥了宿命论。在处理天人关系问题上，荀子代表了先秦儒学思想的一个高峰，而且他也比同时代各派站得都高。

（4）"虚一而静"的认识论。荀子的认识论具有唯物主义反映论的色彩。他认为，人具有认识客观世界的能力，客观事物是可知的。人依靠感觉器官获得对客观世界的认识。荀子在《天论》中把"耳、口、鼻、形"称为"天官"，而把"心"称为"天君"。他认为"心"是思维的器官，"耳、口、鼻、形"是感觉器官，通过"心"的作用，把由感觉器官所获得的彼此孤立的感觉上升为认识。这就比较正确地说明了理性认识依赖于感性认识的关系。比如，用眼看到树，知道树的形状、高矮、颜色，通过心的辨别，得出正确的判断：这是树。这就是简单的语言和概念。人们把相同的东西叫同一个名称，这样互相就有了共同的语言，可以彼此了解。在此基础上，荀子建立了"制名以指实"（即名实相符）的名实论和唯物主义的逻辑学。

荀子的认识论既重感觉经验，同时又注意"心"在认识中的重要作用。他克服了墨子单纯强调感觉经验的片面性，也克服了孟子单纯强调"心"的作用的片面性。荀子认为，"心"要获得正确的认识，必须"虚一而静"。"虚"就是虚心，胸中不存成见。能虚心，能不存成见，才能接受无穷无尽的知识和学问。

"一"就是专一，能专心一志才能钻得深，学得透。"静"就是冷静，有冷静的头脑才能对事物观察得细密，分析得清楚。他认为"心"要如一盆清澈透明的水那样，如实地反映事物。因此荀子的认识论是唯物主义的直观的反映论。

同时，荀子对"知"与"行"的关系有比较正确的说明。他认为，听说的不如看见的，看见的不如知道的，知道的不如已经实行的。总之，最后要达到实行。他强调"行"在认识中的地位，虽然所谓的"行"只是个人的行动，还不是指社会实践，但仍属唯物主义的观点。

（5）教和学的论述。荀子认为人性本恶，善都是后天人为的，那么怎样才能由恶从善呢？对此，他提出了要教育和学习，认为一定要有老师的教化，有礼义法度作指导，人才能够谦让有礼，做事有条有理，天下才能够太平（《荀子·性恶》）。而在《荀子》书中第一篇就是讲教育和学习的《劝学》篇，最著名的一句话是："学不可以已。青，取之于蓝而青于蓝；冰，水为之而寒于水。"这句话的意思是说：教与学是缺少不得的。譬如染料靛青是从蓝草提炼出来的，可是靛青的青色比蓝草的颜色鲜明纯洁得多；冰是水结成的，可是冰比水冷得多。蓝草要提炼了才成靛青，水要冻结了才成冰。人也得受了教育，经过学习才成为好人。

"跬步千里"和"锲而不舍"两句成语，包含着荀子说明学习方法的一段名言。他说："不一步步走，不会到千里，没有一条条小河流汇合起来，不会成江海。好马一跳不过十步，劣马跑上十天，也能赶千里。刻木头时，刻一下就放下，朽木也刻不断；刻个不停，即使硬如铁块都会刻穿。"（《荀子·劝学》）荀子这样比喻学习，强调只要坚持不懈，一定能取得良好的效果。他用了一个"积"字概括它。就是日积月累，积少成多，从一点一滴积累到伟大的成功。论学习方法，还有一样，就是"靡"（磨炼）。他提倡访求贤师、选择良友，天天受贤师指导，天天与良友在一起，可以听到大道理，看到好德行，在不知不觉中得以进步。学习要"积"又要"靡"。大力地积，大力地靡，这就是"大积靡"，就会大进步。

此外，荀子还提出很多重要的原则和方法。他指出学习重在实际努力，空想是无益的。他说过："我曾经一天到晚地想，却远不如切切实实地学上一时半刻。"（《荀子·劝学》）他又说："路虽近，不走是不会到的；事虽小，不做是不会成功的。一个人老是悠闲自在，从容不迫，成功绝不会大。"（《荀子·修身》）荀子提出环境对学习也有很大关系，所谓求贤师访良友，也就在于此。他还说学习要求"全"和"尽"，即要学得全面，也要学得深透。

荀子关于教与学的精辟论述，对后世的影响很深，一些有关学习的著名的成语都出于《荀子》一书。

（6）对荀子儒学思想的评价。荀子处于战国末期，国家分裂和长期战争给人民带来灾难，因此人民迫切要求统一；同时，由于生产的发展和经济的进步，又使统一成为趋势。秦国在商鞅变法之后实力雄厚，在各方面具备了统一六国的条件，这种政治形势，反映在思想意识形态领域就表现为"百家争鸣"正逐渐走向总结的阶段。荀子的思想正是这一历史阶段开始的标志。他顺应历史发展的潮流，批判改造了儒家孔子的唯心主义，特别是思孟学派的主观唯心主义，吸取了各家所长，成为先秦时期的唯物主义大师。他把孔子的"礼"赋予法的内容，成为中央集权主义的理论基础。荀子长期活动在学术思想十分活跃的齐国稷下学宫，其思想受稷下先生的影响很大，对各家思想都有批判地吸收。所以，他的思想标志着春秋战国思想大融合的开始。

二 两汉以董仲舒为代表的
经学之儒

 汉初社会与"罢黜百家，
独尊儒术"

秦始皇重用法家，民众苦于繁重的徭役和残酷的刑罚，因此在他统一六国之后仅十五年就由陈胜、吴广首先发难，秦朝在农民起义的打击下崩溃了。秦代二世而亡，以刘邦为首的汉王朝统治者想长久保持其统治，重视总结秦朝灭亡的教训，于是他发动臣下进行讨论。陆贾为此写了《新语》一书。贾谊也著《过秦论》，他一针见血地指出秦亡于不施仁义，滥用刑罚；只知用武力统一六国，而不知如何用仁义教化来维护统一后的政权。这正是没有认识到攻守之势已经不适用，不懂得应该以宽济猛，使政以和。汉初的统治者通过总结秦亡的教训，懂得了骑马得天下，而不能骑马治天下的道理，于是抛弃了秦王朝对人民实行残酷统治的办法，而崇尚黄老思想。

另一方面，由于长期战乱，生产遭到严重破坏。

《汉书·食货志》生动地描绘了当时的社会状况：老百姓没有贮存的任何物品，天子都不能配备拉车的四匹颜色相同的良马，而将相有的就只能乘坐牛车。统治者的当务之急是恢复生产，让人民过安定的生活，而创建于战国时期齐国的黄老之学，则很适合汉初的社会需要，以清静无为、休养生息为主的黄老之学，就成了西汉王朝初期的统治思想。从汉高祖到文帝、景帝期间是黄老之学的兴盛时期，当时朝廷任官很少是儒家学者，而且提倡儒术的官员往往受到贬斥和排挤。

相比于黄老文学，汉初儒学面对从战乱到统一的社会剧变，仍抱残守缺，维护儒家旧义，显得不合时宜。汉景帝中元三年（公元前147年）崇尚黄老之学的黄生与传《诗》的儒生、博士辕固生在景帝面前有过一场争论，黄生认为汤武不是受命而是弑君，辕固生认为是受命而不是弑君。结果汉景帝支持黄生从而结束了这场争论。这说明黄老之学为刘氏政权服务，强调君臣关系不可颠倒。辕固生还认为《老子》只是些老生常谈，这就与窦太后发生矛盾，窦太后为了羞辱和加害他，就让他进入猎圈里刺杀野猪。后来，汉武帝出面，辕固生才幸免于难。

汉武帝建元六年（公元前135年），窦太后去世，武安侯田蚡当了丞相，这时才罢黜黄老刑名百家的言论，重用了儒者数百人。自秦代以来就一直遭到排挤打击的儒学，至此终于重见天日，受到官方重视。但直到汉武帝用董仲舒的建议，"罢黜百家，独尊儒术"，才最终确立了儒学思想的统治地位。汉代儒学内容主要是经学。秦"焚书坑儒",还下令有敢于藏书者要受到族诛,私学一度消失。到汉惠帝四年(公元前191年)下令废除民间禁书法律,过去藏匿的书才又纷纷取出来,而传授经书的方法才由口授改为书写在简策上,这就为经学的兴起创造了条件。

先秦"六经"指《易经》、《书经》、《诗经》、《礼经》、《乐经》和《春秋经》。后来《乐经》失传,故汉代只有五经。"经"在《说文解字》中指织物的纵丝为经,横丝为纬,引申为组织之义。上古书籍文字往往声韵很协调,便于记诵,编绘成文章,假借治丝之义,把它叫做六经,即六经为古代文章的始祖。到春秋,孔子从史官那里继承了六经。由孔子再传给弟子。《易经》,孔子传商瞿,再传子弓,三传至田何。《书经》,孔子传漆雕开,而没有传以书,书经之书由孔氏世代相传,九传到孔鲋。《诗经》,孔子传子夏,六传到荀卿,荀卿又传于毛亨(大毛公)。《春秋》分为三传:《左传》由左丘明传曾申,曾申传吴起,吴起传吴期,吴期传铎椒,铎椒传虞卿,虞卿传荀卿,荀卿传张苍。《公羊传》由子夏传公羊高,公羊氏世传其学,五传而到胡毋生。《谷梁传》由子夏传谷梁赤,谷梁赤传荀卿,荀卿传申公。曾子、子游、孺悲皆深于《礼经》,战国时公孙尼子、王氏等传《礼经》,孔门弟子又为《礼经》作记,并编成书,就是今存的《大戴礼》、《小戴礼》(不过两书编成较晚)。子思所作《中庸》,七十子之徒作《大学》也编入其中。

建元五年（公元前 136 年）汉武帝置五经博士：《尚书》为欧阳生，《易经》为田何，《礼》为后苍，《诗经》为申培公（鲁诗）、辕固生（齐诗）、韩婴（韩诗），《春秋》为董仲舒、胡毋生（公羊学）。统治者只允许学习儒家经典。因为通经成为进入仕途的门径，经学由此兴盛。汉代口头传授的经书，用当时流行的隶书，写在竹简或绢帛上，这就是今文经。废除"挟书律"（即禁书令）后，民间所秘藏的经书时有发现，并献于朝廷。这些经书用先秦古文字所写，所以叫古文经。二者主要不同是：古文经学认为孔子为史学家，《六经》为孔子整理古代史料之书，所以偏重于"名物训诂"，其特色为考证，但流弊为烦琐。今文经学主要以孔子为政治家，以《六经》为孔子政治之学，故偏重于"微言大义"，其特色是功利性很强，其流弊则为狂妄。今文经学主要流行于西汉，而古文经学主要流行于东汉。东汉末年，郑玄站在古文经学的立场上，遍注今文经，使今古文经学之争趋于调和，结束了两派之争。

以经学为主要内容的汉代儒学与先秦儒学已大不一样，它吸收了阴阳家、法家的思想，形成一套以神学为目的的儒学体系。阴阳五行说和祥瑞灾异、谶纬迷信在汉代十分流行，可以说是汉代儒学的一大特点。春秋战国时期，儒家的思孟学派把五行说伦理化，而邹衍吸收儒家五行学说，把阴阳说与五行说相结合创立了阴阳五行说。汉初儒家吸收邹衍的阴阳五行说，形成了新的儒学体系。汉王朝的政治生活和意识形态因而也充斥着阴阳五行学说。首先表现在政治上，西周为火德，色尚赤，秦为水德，色尚黑，而汉不承认秦为一统，汉受命于周，故色亦尚赤。但是又袭用秦历，以十月为岁首，这就有矛盾。而后用张苍的建议，认为汉为水德，全袭秦制。到汉武帝太初元年（公元前104年），又宣布改制，重定历法，以正月为岁首，色尚黄，数用五，认为汉是土德。这是用的邹衍的五德终始说，代水德的应是属土德的朝代。后又采纳董仲舒的三统说，汉为黑统，黑统改正朔就用建寅，以正月为岁首。这些与阴阳五行说有直接的关系。

战国时期，邹衍的五德终始说是五行相胜说，即"虞土、夏木、殷金、周火"（《淮南子·齐俗训》高诱注引《邹子》）。而西汉则产生了五朝更替的五行相生说：太皞伏羲氏以木德统治天下；木生火，故后继者炎帝神农氏以火德统治天下；火生土，故后继者黄帝轩辕氏以土德统治天下；土生金，故少皞金天氏以金德统治天下；金生水，故颛顼高阳氏以水德统治天下；水生木，故帝喾高辛氏以木德统治天下；木生火，故帝尧陶唐氏以火德统治天下；火生土，故帝舜有虞氏以土德统治天下；土生金，故伯禹夏后氏以金德统治天下；金生水，故商以水德统治天下。东汉王莽采取此说，其目的是要说明汉是火德（周是木德，木生火，故汉是火德）；火生土，故王莽是土德，以便为王莽代汉制造舆论。

与阴阳五行说相关的祥瑞灾异和谶纬迷信在汉代十分流行。春秋公羊说尤其大讲灾异与符瑞。祥瑞是自然界出现的一些不常见的现象，如朱草生、甘露降、凤凰朔等。符瑞则必有符，符为人造，假托神意，是一种预言。这是从邹衍五德终始说推衍出来的。新的帝王要出现，必先有征兆。如元凤三年（公元前78年），泰山南有一块大石自己立起来；上林苑中一棵折断后枯萎的大柳树也自己立起来；有爬虫吃树叶成文字形状，说"公孙病已立"。于是议郎睦弘就说：大石自立，枯柳复起，这不是人力所能办到的。这表明有人要做天子了，而公孙姓氏的人将即皇位。皇帝应禅让给新的贤人。如此之类的事举不胜举。

所谓谶纬，是指图谶和纬书。图谶是附有图的谶，它"诡为隐语，预决凶吉"（诡密多作隐秘的语言，预测人事的好坏）。图谶起于秦始皇时，当时所出秦图谶中有"亡秦者胡也"。这就成了秦筑长城以抵御胡人的原因之一。西汉末年，王莽要代汉，于是在武功地区一口井里挖出一块上圆下方的白石。上写"告安汉公莽为皇帝"，王莽借此图谶做了皇帝。纬书是解释经书的，即六经之纬。纬书起于西汉哀、平帝之间；《隋书·经籍志》认为纬书出于孔子并无根据。

汉代，在阴阳五行学说、祥瑞灾异和谶纬迷信与儒学合流的大潮中，还存在着反神学目的论的声浪。最著名的是东汉王充，他著有《论衡》，提倡儒学的唯物主义思想。早在汉武帝时，杨王孙学黄老之术，提倡裸葬。他认为，这是为了矫正当时厚葬的风俗。他说人是由天所有的精神和地所有的形体相合而生的，人死后精神归于天，形体归于地，是各有所归，所以称为"鬼"。只有尸体单独放在地下，哪里还有知觉呢？这是明显的无神论思想。

汉成帝永始三年（公元前14年），光禄大夫谷永上书请求"禁止祭祀、方术"。他认为祭祀、方术，以及仙人、不老之药、炼金术，都是坏人迷惑众人，用邪道诈伪来欺世罔人，朝廷应予以制止。

东汉初年，正当朝廷要宣布图谶于天下的时候，桓谭上书反对，但光武帝刘秀却深信图谶，并以此来处理政事，认为桓谭"非圣无法"，要将他斩首。于是光武帝强行宣布图谶于天下。但图谶还是遭到了有识之士的反对。

东汉顺帝阳嘉三年（134年），科学家张衡认为图谶虚妄，上书要求禁绝图谶之书。

由此可知，在充斥着唯心主义神学目的论、祥瑞、谶纬迷信的汉代，唯物主义思想也在不断地冲击着那些反动的樊篱。

综观两汉的儒学，先是替代黄老之学而为正统，后到元光元年（公元前134年），汉武帝接受董仲舒建议，"罢黜百家，独尊儒术"，终于确立了儒学统治地位。新兴儒学与阴阳五行学说、祥瑞谶纬迷信学说合流，显露出时代特色，即带有浓厚的神学目的。如董仲舒的"天人合一"观，奉天法古、天人相与学说，这与春秋战国时期孔孟宣讲"人道"、"仁政"已相去甚远。但是，这样的儒学特别适应汉代重视一统社会的现实，如果说儒家学说是中国封建社会两千年中占统治地位的官方思想，其开端应当定在西汉董仲舒。

他对儒学作了适应时局的重要修订，致力于儒家独尊，而儒学才能绵延不绝，昌盛不衰。

董仲舒的儒学思想

（1）生平与著作。董仲舒，生于汉文帝刘恒前元元年（公元前179年），卒于汉武帝刘彻太初元年（公元前104年），终年75岁。广川（今河北省枣强县）人。董仲舒出生于一个田连阡陌、牛马成群、藏书万卷的大地主家庭。

据传他从小学习就十分刻苦专心，而且有"三年不窥园"（三年之内不去花园观赏）之说，甚至连经常骑的马，都不去分辨雌雄。他为儒家经传所吸引，简直达到了如痴若愚的程度。董仲舒不但学业有专攻，而且学识渊博，所以时人称他为"汉代孔子"。在这种情况下，董仲舒"下帷讲诵"（在讲堂里挂上一幅帷幔，他在帷幔里边讲，学生在外边听），招收大批学生，开始了他的教书生涯。

汉景帝元年（公元前156年），他和他的老师、当时的名儒胡毋生一起被立为博士。汉武帝即位后，让各地推荐贤良文学之士，以备咨询，董仲舒被举，参加了策问。汉武帝接连对他进行了策问，基本内容是关于天人关系问题，所以也称为"天人三策"，对策后，董仲舒被派到江都易王刘非那里当相。元朔四年（公元前125年），公孙弘又推举他作胶西王相，四年之后他告病回家，从此结束了仕禄生活。回到家后，董仲舒诸事不问，只是埋头读书、著作。太初元年（公元前104年），董仲舒病卒，葬于西汉京师长安西郊。有一次汉武帝经过他的墓地，特下马致意，以表彰其为汉王朝的效劳尽忠。由此，董仲舒的墓地，又名"下马陵"。

董仲舒的著作较多，但流传后世的仅有一本《春秋繁露》，而且是后人辑录他的遗文成书的，书名为辑录者所加。我国现存最早的版本，是南宋嘉定四年（1211年）江右计台刻本，现藏国家图书馆。

（2）"天人感应"的神学目的论。董仲舒的儒学思想建立在"天人感应"说之上。他认为，天是至高无上的人格神，是众神中最尊贵的神。天是万物的始祖，天不仅创造了万物，而且也创造了人。天是有意志的，它和人一样有"喜怒之气，哀乐之心"。董仲舒认为，人在自然界的万物之中处于特殊的地位，最为可贵。他说天地的精气所生的万物，没有比人更尊贵的了，人是受命于天地的。因此天与人是相合的，是合二为一的。这种"天人合一"的思想，继承于先秦的思孟学派和阴阳家邹衍，而且将它发展得十分精致。董仲舒认为"唯人独能偶天地"（只有人的结构能和天地偶和）。他把人的骨骼内脏以及四肢比作年、月和五行，把人的情绪比作四季，这样天地与人一一对应。在董仲舒看来，人确实与天数相似而"合二为一"。

董仲舒还认为，天生万物是有目的的。我们知道，天本是无目的的自然界，在自然界中只存在因果关系，而不存在目的关系，董仲舒认为天有了目的，统治者就可以假借天的目的来推行自己的主张。他所精心构筑的"天人感应"的神学目的论，正是为汉王朝统治者巩固其中央集权专制统治服务的。

首先，董仲舒是通过天"授命"来为已经建立起来的统治秩序服务。他认为汉王朝的皇帝是受命于天来进行统治的，各封国的王侯又受命于皇帝。大臣受命于国君，儿子受命于父亲，妻子受命于丈夫，这些都是按天的意志形成的。董仲舒还利用齐人邹衍阴阳五行学说来体现天的意志，他继承了先秦的阴阳五行说，即"天地之气是合二为一的，分为阴阳，有四季划分，排列为金木水火土五行"。他认为天的意志是尊贵阳而卑贱阴的（"亲阳而疏阴"）。此外，四季也体现了天的意志：春天之所以温暖，是因为天的爱而生；秋天之所以天高气爽，是因为天的严而成；夏天之所以温热，是因为天的乐而养它；冬天之所以严寒，是因为天的衰而藏它。同时，董仲舒还由阴阳的流转与四季的配合，推出东西南北的方位和金木水火土五行的关系。他说木居东方就主春天，火居南方就主夏天，金居西方就主秋天，水居北方就主冬天。土居中央，称为天润，为五行之主。不仅如此，董仲舒还认为五行是天道的表现。他说，五行是孝子忠臣的五行，又把五行伦理化。这样就使原来朴素唯物主义的"阴阳"、"五行"之义，变成了反映天的意志的唯心主义学说。董仲舒把这种阳尊阴卑的理论用于社会。他说君臣、父子、夫妇，都是采取阴阳之道；君为阳，臣为阴；父为阳，子为阴；夫为阳，妻为阴。

董仲舒的"三纲五常"的道德学说，正是这样推论出来的。他说王道的三纲，应从天求助得来；仁义礼智信五常，是进行王道统治应当具备的。这里所说的三纲，即君为臣纲、父为子纲、夫为妻纲（《礼纬·含文嘉》）。它只不过是阳尊阴卑的阴阳说的不同表述而已。董仲舒又用五常与五行说相配，以木配仁，以金配义，以火配智，以土配信。"三纲五常"为董仲舒提倡以后，便成了我国古代维护历代封建王朝统治的工具，其影响是十分深远的。

董仲舒还用天的意志来论证春秋公羊学的大一统思想，从而用它来说明汉王朝的大一统符合天的意志。他说"君子贱二而贵一"（君子以二为贱，以一为贵）。这里所说的"一"就是"大一统"的"一"，其内容就是"道"。而道也是来源于天的，天不变，道就不变。这即是说，大一统是永恒的，不变的。维持统治秩序的道，包括"三纲五常"，在内容上是永远不变的。

董仲舒主张，凡是物必有合，合必定有上，必定有下；有左必有右；有顺必有逆；有喜必有怒；有寒必有暑；有昼必有夜：这都是合。阴与阳合，妻与夫合，子与父合，臣与君合：万物没有不合的。这里包含了矛盾对立的两个方面，具有朴素辩证法的因素。但是董仲舒是"贱二而贵一"的，在他看来矛盾对立的双方是不能转化的。君永远是君，臣永远是臣；臣必须无条件服从于君。因此董仲舒的哲学体系是形而上学的。在政治上他主张春秋公羊学的"大一统"倒是进步的。西汉政权经过汉初的休养生息，生产有所发展，出现了"文景之治"。到汉武帝时西汉政权已经历了六十多年，基本上得到巩固，因此汉武帝要加强中央集权。董仲舒正好生活在这个时代。他的"大一统"说恰好适应了当时统治者需要。

董仲舒既然主张矛盾对立的双方是不转化的，那么如何解决王位的更换和改朝换代呢？于是他发展了《公羊传》的思想，提出了"谴告"与"改制"。他认为统治者为政有过失，天就用灾害以提出谴责与警告。如果不知道悔过，于是就出现怪异来惊骇；如果还不知道畏惧，于是大的祸害就来了。可见以灾异来谴告，是天维护统治者的手段。而"改制"说则是保证新继位的君主执掌政权的一种形式。所谓"改制"，就是新的君王表示接受天命之后，必须要迁徙居住的地方，改变称号，更改历法，变易服饰颜色，以此表明不敢不顺天。但是，天纲、人伦、道理、政治、教化、习俗、文义等是丝毫没有改变的。

董仲舒三统说的历史循环论，正是建立在公羊学思想基础上的改制说的延伸。他认为夏代是黑统，以寅月即农历正月为"正"（一岁之首），以一月初一平旦（天刚亮时）为"朔"。商代为白统，以丑月（农历十二月）为正月，以正月初一夜半为"朔"。历史就是按黑统、白统、赤统的顺序循环不已。每次朝代的更替都要按照三统说来"改正朔，易服色"。历代按三统说循环往复，不断地"改正朔，易服色"。在形式上虽不断变化，但实际上道是永恒不变的。这种理论对巩固汉王朝的中央集权专制是十分有利的。

（3）神秘的认识论。董仲舒的认识论继承了孟子的内省思想，即按照"尽心"—"知性"—"知天"的模式，达到"天人合一"。他说五事（貌言视听思）是人从天那儿受命来的，是天子所具备来治理百姓的。所以通过内省就可以判断恰当与否，就可以决定是与非，通过内省就可以达到知天的目的。董仲舒认为，认识是为了识别事物的不同，从而达到了解天意。但天意是不容易了解的，天道也不容易理解，所以要通过对阴阳五行的观察和了解，来达到对天意的理解。

名实关系问题，也反映了董仲舒的认识论。他说名的产生反映了真实的事物，不是真实的事物就不给予名。这可以说是唯物主义的认识论，但只是表面现象。董仲舒所说的名，更重要的是要符合天意。他说，名号不同但本质相同，都是为了表达天意。名是圣人根据天意阐发出来的。由此可见，名是天意的反映，而不是真实事物的反映。他还认为名要符合"义"与"理"，因此认识是以名为中心的。他认为，"名"是判断是非的标准。他说，要想审查曲直就得用绳；要想衡量是非就得用名，用名判断是非，就好像用绳衡量曲直，这就是用"名"去正"实"。十分明显，"名"是第一性的，而"实"是第二性的。这种唯心主义的名实论，是对孔子"正名"学说的发展。

董仲舒的认识论还达到了神秘的程度。他认为，通过祭祀能够与鬼神相沟通，还能够看见一般人看不见的东西，这样就能知道天命鬼神了。董仲舒之所以有如此神秘的认识论，是他"天人感应"的神学思想体系所决定的。

（4）性三品说的人性论。董仲舒的人性论不同于孟子的性善论，又不同于荀子的性恶论，而是主张性三品说，即"圣人之性"、"斗筲之性"和"中民之性"。他着重讲的是"中民之性"。他认为，性是由天决定的，人受命于天，天使人的性有善有恶，这是不以人的意志为转移的。又说人受命于天，有善善恶恶的性，可以养但不可以改变，可以预测但不可以抛弃，就好像形体的肥瘦不可更改。这里所指的"圣人之性"善与"斗筲之性"恶，都是不能改变的。就"中民之性"而言，他认为天生民性，有性的质朴而不是善。也就是说善是后天教化而成，不是质朴的天性具有的。还说万民的性必须待后天教化才能变成善，后天教化变成善，这就称作天真。即是说，善是教育的结果，性要是不经过教育是不可能善的。

关于性与善的关系，董仲舒从多方面进行了比喻。他说性好比稻禾，善好比米，米是从禾中出来，但禾并不能全变成米。善出于性，但性并不能全变成善的。他又把性比作蚕茧和鸡蛋，鸡蛋经过母鸡的孵化可以成为小鸡，蚕茧经过缫丝可以变成丝。当然鸡蛋不是全都能孵出小鸡的，蚕茧也不是全部都能缫出丝来的。因此，性也不是都能经教化而成为善的。董仲舒还把性比成人闭上眼睛睡觉，当睡着时，眼睛就什么也看不见了，只有待觉醒以后，睁开眼睛，才能看得见。因此，万民的性，有其善的质，但并未能发觉，好比睡觉的人等待觉醒，教化善质然后才能变成善。当他没能觉醒，可说是有善的潜质，但不能说是善，与闭着眼睡觉的道理是一样的。性中善质就像睡觉而没被发觉，这是天所作为，仿效天的作为，给它起个名号就称作民。民的性就像"瞑"，即闭目睡觉，需要有人使之觉醒才能看见东西一样，当没有人使之觉醒，只可以说有可以为善的质，而不可以说已经是善了。

因此，董仲舒认为，他的人性论与孟子的主张不同。孟子认为人的性有善端，孝顺父母，对动物也善，才称作善。董仲舒认为孟子关于性善的标准太低了，万民的性只善于动物，不能叫做善。他所提倡的善，是高标准的善，他认为遵循三纲五常，通晓八端六理，忠信而且博爱，敦厚而且懂礼，才可称为善。这是圣人的善。

董仲舒认为民之性需待教化而善，那么，由谁来实施教化呢？这当然是君主了。这是天有意建置帝王并使他性善。民众没有能够从天那儿承受善性，只能退而从帝王那儿得到教化。帝王秉承天意，把教化民的善性作为自己的职责。因此，他主张帝王上承天的意志，是顺应天命；下务必明确教化民众使他们性善；严正法度的意义，区别上下的秩序，以防止欲望。董仲舒"顺命"、"成性"、"防欲"的主张，是从人性论出发而形成的统治方术。就人性论而言，董仲舒继承了孔子的"性相近，习相远"的主张，批判了孟子的性善说，使之更加符合统治者的利益。他着重教化，并明确提出"防欲"，这比先秦思想家只讲"节欲"、

76

"寡欲"更为深刻。

（5）对董仲舒的评价及其给后世的影响。作为一个对社会产生巨大影响的思想家，董仲舒针对社会现实，提出一套解决问题的理论，并用天意、圣言或阴阳五行等加以修饰论证，形成有时代特色的思想体系。董仲舒创立了"天人感应"的神学目的论，形成了唯心主义和形而上学哲学体系。它是汉王朝统治者总结历史经验，经历了几十年的选择而确立的官方哲学。它对巩固西汉中央集权专制制度和维护汉朝一统天下的局面，起了积极的作用。董仲舒是神学的奠基者和著名的春秋公羊学家，他在历史上是一位承前启后、继往开来的思想家，为西汉以后历代统治者提供了维持统治的理论基础。

董仲舒为了统治者的长远利益，在提高君权的同时，又借用上天的谴告表示神权对君权的限制，体现出"委屈君王以伸张天意"。在君民关系上，他在"委屈百姓（民）以伸张君主"的前提下，又表示要重视百姓，认为：天之所以产生百姓，并不是为了君王；而天立君王，则是为了百姓，所以只要其德行足以使民安居乐业，上天就给他权利做君王；而其恶行如果残害百姓，上天就要剥夺他的权利。对于无道昏君，他主张可以诛杀，以有道讨伐无道是天理允许的。

董仲舒上书汉武帝"罢黜百家，独尊儒术"之后，儒学成为官方的统治思想。儒家学派也在董仲舒这里发生重要变化，后世凡著名的学者没有不属于儒家的。而且以儒学为主流的中华文化绵延两千多年，形成博大精深的以儒学为特征的汉文化圈。这种局面的形成，董仲舒实在是功不可没。

董仲舒本人的理论学说对后世的影响也是较大的。东汉时期，董仲舒学说影响可分两个方面：一是对官方的影响，反映在《白虎通》中，如五行说、灾异谴告说、性情阴阳说等。二是对民间的影响，王充《论衡》一书就是在批判地吸收董仲舒的思想基础上写成的。后来，魏晋玄学盛行，儒学受到冲击。南北朝时期佛学盛行，儒学无法独尊。董仲舒针对时弊提出的改良措施，经当时的学者（如苏绰）阐发出来并得以施行。到宋明，思辨儒学取代魏晋玄学，儒学再度崛起。北宋王安石变法提出"三不足"，其中有"天变不足畏"。这说明了董仲舒天人感应、灾异谴告的思想对北宋统治者还有深刻影响。司马光就用董仲舒"天不变、道亦不变"的理论来反对变法。南宋的三大学派，即以陈亮、叶适为代表的功利学派，以朱熹为代表的理学学派和以陆九渊为代表的心学学派，均对董仲舒的理论进行了不同程度的阐发，既有批判，也有肯定。如董仲舒的义利观被朱熹写入学规，教育学生，还称董仲舒为"醇儒"。而清代公羊学复兴，作为公羊学家的董仲舒就成了准圣人的角色。许多治《公羊传》的学者称颂他为历代儒家最卓异者。康有为还编写了《春秋董氏传》，旨在发扬其思想。梁启超则认为，康有为研究《公羊传》，董氏学说对其新思想的产生起了间接作用。

但是，事物都具有两面性。董仲舒的儒学思想一方面巩固了封建统治，在当时起了积极作用。另一方面，却扼杀了除儒学外的其他诸子百家，使中华文化呈现单一性。而且其思想在封建社会末期，因顽固不化、腐朽落后，严重地阻碍了新的资本主义思潮的传播与流行。

 3　王充的儒学思想

（1）生平与著作。王充字仲任，生于东汉光武帝建武三年（公元 27 年），约死于和帝永元九年（公元97 年），会稽上虞（今浙江上虞）人。出身于"细族孤门"（《论衡·自纪》），即比较贫寒的家庭。年轻时到都城洛阳太学学习，是著名史学家班彪的弟子。由于他勤奋好学，"遂博通众流百家之言"（《后汉书·王充传》），即知识渊博，通晓诸子百家的学说。曾当过州、郡的小吏，但都因为与权贵不合而辞职。王充著述很多，有《讥俗》、《政务》、《论衡》、《养性》等。今存《论衡》84 篇。

（2）儒学的基本立场。王充以其唯物主义思想在中国思想史上著称。但是，我们从他的代表作《论衡》来看，他还是一个儒者。也就是说，他基本上还是站在儒家的立场。他十分推崇孔子，据统计，《论衡》有620 多处提到孔子。而且把孔子称为"圣人"，其赞美之辞，所在多有。如在《本性》篇以孔子道德高尚，不仅评其为先秦诸子中最卓越的人，还称作"道德之祖"。在《知实》篇他说，孔子眼光能洞察细微，思想深邃，才智过人，精力旺盛，不知疲倦，非常人可比，就是耳目也不同凡人，好似能知道一般人所不知道的样子。在《别通》篇，又把孔子说成是终身好学，死而后已的伟人。在《效力》篇对孔子整理古籍的功绩给以很高的评价。因此在《自纪》篇他说，孔子是他最值得崇拜的人！但是，王充反对把孔子神化，只认为孔子是人，当然不是一般人，而是圣人。但圣人也不是不学习就可以有知识，而且圣人也有犯错误的时候。这些见解比起同时代那些神化孔子的人来说，是要高明得多。

（3）朴素唯物主义宇宙观与对神学目的论的批判。王充的宇宙观具有朴素唯物主义的性质，他对"天"的认识基本上是科学的。《论衡·谈天》说："天有形体"；在《论衡》的《祀义》、《变虚》、《道虚》等篇，多处谈到"天"是物质性的实体。这是对儒家认为天只是气、它离人并不远的观点的批判。王充还认为：天并非"如云烟"的气。在天施放的气之上还有一个实体，它离人很远很远，而不是很近。因为神秘的传说认为天与地相距六万多里，王充反对儒者天离人很近之说，是为反对董仲舒的"天人感应"的神学目的论服务的。

东汉时的自然科学已经相当发达，在天文学理论方面，已经有了很大的进步。浑天说、宣夜说已经出现，而盖天说还占着重要地位。王充认为："天之去地六万来里"，"天平正与地无异"，"四方中央高下皆同"，人从地上看天"若覆盆之状"。（《论衡·说日》）

可见他是主张盖天说的。在当时这种主张虽然不能算进步，但是他对天的认识是人们直接观察的结果，具有朴素唯物主义的因素。

王充的宇宙生成理论是"元气"说。他认为，"元气"是构成天、地、人和万物的原始物质，而"气"来源于天。他说："凡天地之间，气皆统于天。"（《论衡·订鬼》）又认为气是天地、日月、星辰在不断运行的过程中，自然而然地施放出来的。他认为万物都是由气产生的。但是，气不是有意识地产生万物，而是偶然自生的（《论衡》的《说日》、《物势》）。他还认为，万物的生成是由于天地之气交感的缘故（《论衡·自然》）。由于万物不是天有意识生长的，而是偶然自生的，因此，气具有自然无为的特点。

王充还认为，天地生人也和万物生成一样，是偶然自生的（《论衡·物势》）。他指出，由于有阴阳二气，所以阴气构成骨肉，阳气构成精神。阴阳二气具备了，骨肉就坚实，精神就旺盛。由于人有骨肉、精神，两者相互配合，所以能够经常看见而不灭亡。而世间的妖祥、鬼神则是由"太阳之气生成的"，"太阳之气"只能成像，不能成为形体，也没有骨肉，只有精神而已。所以看见时是恍惚的，动辄就灭亡了（《论衡·订鬼》）。当然，这并非科学的解释，它反映了王充的时代局限性。但这也是用物质性的气来解释精神现象。王充认为人和万物都是偶然自生的，这就批判了董仲舒的迷信思想。按董仲舒的主张，人和自然界的万物都按照天的意志安排，也就是神学目的论。王充的元气论则是继承和发展了战国时代宋钘、尹文和荀子的精气学说。特别是在形神关系的论述上，他继承了战国时代荀子"形具而神生"的朴素唯物主义的形神观，并有所发展。他在《论衡·论死》中说："形体需要气来形成，气需要形体才能被感知。天下没有单独燃烧的火，世间怎么会有无形体而单独被感知的精气呢？"又说："人死后，就如同火自然熄灭那样"。"火熄灭后光自然消失而蜡烛还在，人死后精气消亡而形体还存在"。因此他认为："死人不为鬼，无知，不能害人。"这种无神论的思想，对南北朝时期范缜思想的产生，有直接的影响。

王充从元气论出发，对董仲舒的"天人感应"的迷信思想，进行了深入的批判。他认为，自然界的变化有自己的规律，与人事无关（《论衡·自然》）。他明确指出，人不能改变自己的行为去感动天，天也不能改变自己的规律来与人相应。比如天晴久了自然要下雨，雨下久了自然会天晴。这与人事无关（《论衡》的《变虚》、《明雩》）。同样，天的寒暑也有自己的规律。他认为在夏天要扇扇子，在冬天要烧炉子，然而夏天仍然热，冬天仍然冷，并不因为人扇扇子或烧炉子改变了寒暑的季节。因此，刑赏也不会影响寒暑的季节变化。王充认为，人只有七尺之躯，对于天来说是渺小的，不能丝毫感应于天（《论衡·变动》）。他又认为，天与人并不同体，声音也与人不同，所以，天与人两者不能相通（《论衡·变虚》）。这就从根本上否定了董仲舒"天人感应"的迷信思想。

王充对董仲舒的批判，在于他找到了"天人感应"迷信思想的认识论根源。他认为"天人感应"的迷信论是因为人有喜怒，所以才说天也有喜怒（《论衡·雷虚》）。这一认识是相当深刻的，它接触到了问题的本质，把董仲舒颠倒了的哲学，又重新理顺过来。

王充还对董仲舒的"谴告"说进行了批判。认为谴告说最违背天道，所以要一再批评。这样做的目的是要对它认识清楚，以便责难。为什么说谴告说违背"天道"呢？因为天道是自然无为的。而天以灾异向君主谴告之说，是"有为，非自然也"（《论衡·谴告》）。在这里我们看到王充赞成黄老之学。他说："黄老之学，论说天道，得其实矣。"（同上）他又以黄老之学为思想武器来批判"谴告"说，确实是"违儒家之说，合黄老之义"（《论衡·自然》）。

王充对"谴告"说的批判，在对打雷杀人是"天罚阴过"这种迷信说法的批判中，可见一斑。他在《论衡·谴告》中指出，打雷是种自然现象，并说雷就是火。儒者说雷为"天怒"，是荒谬不实的话。他举了雷是火的五条证明，如凡是被雷击而死的人，只要检查一下他的身体，如果是击中头部，那么胡须头发就被烧焦；如果是击中躯体，那么皮肤就被烧焦；走近其尸体，就能闻到被烧煳的气味；等等（《论衡·雷虚》）。

王充进一步指出，"谴告"说的实质是以人君之意志来树造天意；假借天意来教化违反先王之道的统治者和恐吓民众（《论衡·谴告》）。这样的批判是十分有力的，体现了王充朴素唯物主义哲学的战斗精神。

（4）从认识论上反对迷信。王充反对迷信还在认识论上找到理论根据。他的认识论是重效验的，具有朴素唯物主义的性质，他反对生而知之的先验论，认为人不是天生就有知识的（《论衡·实知》），就是圣人也不是神秘的先知者。那些所谓"先知"的人，也没有谁具有非凡的预见（同上）。他认为，对一个物体的认识，人必须先由耳目获取到感性的经验，这样才能描绘出物体的形状；相反，如果没有听到或看见，就不能够描绘出物体的形状。他认为认识的对象只能是具体的（同上），而不能是幻想虚妄的东西。对于可以认识的对象，只要用耳朵、眼睛"以定其情实"，再进而思考就能判断它是什么。在这里，王充已经有了感性认识上升为理性认识的思想。他认为知识必须从学与问的途径得来（同上）。而且王充还主张，要从实践中学习，他认为要讲种田的学问，农民最高明；要讲经商的道理，商人懂得最多。这是因为他们有经常从事于农业或商业的实际经验（《论衡·程材》）。不仅如此，王充还主张学"贵通"，认为"通"就是能够学以致用（《论衡·超奇》）。

值得注意的是王充还重视逻辑推理在认识中的作用。他认为，圣人能预见祸福，是因为他能够估量事物的苗头而加以类推，从事物开始推断其结果，由民间小事推论到国家大事，从明显事物进而察知隐蔽事物。王充很重视通过考察事物的征兆和迹象，依据同类事物进行推论，这样就能预见未来。而且他认为，这种逻辑推理的方法并不是只有圣人才具备，而是一般贤者都能够做到（同上）。

王充认识论的特点是重视效验（《论衡·知实》）。事情只有效验才能明确，议论必须有证明才能肯定。如果议论者违背事实，没有经过检验其言行，那么就是不可相信的（《论衡·本性》）。这一论述是十分中肯的。这种重效验的认识论，继承了先秦墨家"三表法"的精神。它是王充朴素唯物主义哲学体系的重要组成部分。

（5）对王充的儒学思想的评价。王充反对迷信的哲学理论，是建立在当时自然科学成就的基础上的。他反对董仲舒的迷信思想，即反对"天人感应"的神学目的论的官方哲学，在当时的思想界起了积极的作用。他对天人关系、形神关系等哲学问题的论证，是站在时代的最前面的，代表了时代的新成就。他把先秦的唯物主义哲学推向一个新的阶段。王充的反迷信思想与东汉的社会批判思想，对占统治地位的官方儒学给予了沉重的打击，使之一蹶不振。这就为魏晋玄学的产生创造了条件。王充反对迷信思想的理论体系，对后世的进步思想家具有深远的影响。与王充同时代的谢夷吾认为，王充是"一代英伟"，汉代以来，没人能和他相比（《北堂书钞》卷100《论文》20引《抱朴子》）。这样的评论，并不过分。

但是，王充的反对迷信思想的理论依据局限性在于处处重视效验、强调经验论的重要，而忽视了思辨哲学。魏晋玄学正好克服了王充哲学的弱点，在抽象思维方面使哲学的发展达到更高的水平。王充的唯物主义哲学并没有坚持到底，他还是相信"瑞应妖祥"之说（《论衡·订鬼》），表现出王充哲学的不彻底性。这种不彻底性还反映在他的自然命定论上。

王充的"元气"论是唯物主义的，但是他从"元气"论又进而发展为自然命定论。他认为，人的生死、长寿、夭折、贫富、贵贱皆由命来决定（《论衡·命录》）。而命又是由什么决定的呢？他认为是由偶然性决定。对一个人寿命的长短，王充认为是由人禀气的厚薄决定的（《论衡·气寿》）。对于人的贵贱贫富差别，他认为是由人禀气于天上星位尊卑大小的不同而形成的（《论衡·命义》）。总而言之，这些不同，是由偶然性决定的（《论衡·幸偶》）。这种解释当然是很肤浅的。但是，王充用偶然性来反对董仲舒的迷信思想神学目的论，在当时应该说还是进步的。由于时代和王充本人的局限性，使他不可能有科学的认识，因此不可能从根本上战胜神学目的论。他把人的寿命长短、富贵贫贱的原因归之于偶然性，使人安于现状，不求进取，从而有利于统治者的统治。王充还把他的自然命定论应用于社会政治，认为国家的兴衰、安危决定于"命"、"时"或"数"，而与统治者如何为政无关（《论衡·治期》）。这种观点，实际上是为残暴荒淫的统治者开脱罪责。

三 魏晋南北朝隋唐与玄佛道并立之儒

 魏晋南北朝隋唐的社会状况与玄学、道教、佛学的兴起和儒、佛、道并立的局面

东汉政权在农民起义的打击下崩溃了,随之而来的是魏、蜀、吴三国鼎立的局面。曹操先是拥立汉献帝而建立魏国,实际上控制了政权,到220年他儿子曹丕取而代之,称魏文帝。后来司马炎在265年又取代了魏氏政权,建立西晋王朝,称为晋武帝。但西晋是个短命王朝,在316年就被北方少数民族所灭亡。317年司马睿建立东晋政权,称晋元帝。出现了南北分裂的局面。南方政权两百来年间又经历了东晋、宋、齐、梁、陈五个朝代;而北方则有匈奴、鲜卑、羯、氐、羌等少数民族的政权,史称五胡十六国,到北魏才统一。581年,杨坚建立隋朝,结束了分裂局面。但隋也是一个短命的王朝,618年,被李渊所灭。李渊建立唐王朝,史称唐高祖,中国历史从而进入了近三百年统一的时期。唐代不仅在政治、经济、军事方面十分强大，而且文化也很发达，是我国封建社会发展中的辉煌阶段。

三国和魏晋南北朝的分裂状况，加上连年战乱，使民众往往流离失所，而土地每每被豪族地主所兼并。统治者为了解决兵源而实行"编户"，为了解决粮食的供应，曹魏实行屯田制，西晋则实行占田制。这就加强了对农民的人身控制，也加强了对农民的剥削。在政治上，相应出现了官僚地主（即豪族地主）、中小地主，官僚地主中有曹氏集团与司马氏集团，还有依附于皇族的地主豪强，这些势力之间展开了激烈的斗争。为了适应这种复杂的变化局面，官吏选拔制度也发生了变化，"九品中正制"取代了过去乡举里选制。由于官吏的选拔注重门第，并不重视才能与品德，形成"上品无寒门，下品无士族"的门阀制度，造成了豪门与庶族间的严格区别。豪族地主通过"九品中正制"，把持了国家政权。《晋书》卷45记载刘毅说："今天的'九品中正'制，不注重人才的实质只注重党派集团的利益，没有是非标准，只根据自己的爱恨。自己喜欢的就给予名誉，自己不喜欢的就要贬低，甚至吹毛求疵。这就造成了人们地位的高低依据实力的强弱，对错标准依照个人爱憎的不正常状况。"又说："今天的九品中正制，对与自己疏远的人就掩盖其长处，对和自己亲近的人就将其短处掩盖起来。"刘毅的话真实地反映了九品中正制的弊病。玄学的产生正是这种社会状况在意识形态上的反映。

东汉末年，随着郑玄的调和今文经与古文经，经学师承上的门户观念被打破，儒学不再独尊，而走上综合其他思想的道路。道家与名家的思想抬头，法家思想也受到重视。东汉末期，朝廷官僚大兴"清议"风气，这些也都为魏晋玄学的兴起创造了必要的条件。

玄学的兴起，还与当时曹魏集团与司马氏集团之间的激烈争斗有着不可分割的关系，许多名士为了避祸，采用避实就虚的办法，而高谈思辨哲学，从而使两汉的经学的章句式的烦琐，被魏晋玄学的空谈名理所代替。

南北朝时期玄学流行的同时，佛教与道教也兴起了。佛教在汉代已传入中国，但到南北朝时才有了较大的发展，而在梁武帝时佛教的地位大大提高。儒学在这样的环境下，仍然还有所发展。当时的朝廷并没有取消太学、国子学，儒家经典未被废弃，它还是修订朝廷礼仪的依据。因此南北朝时已是儒、佛、道同时并存，相互影响。但是，值得注意的是佛教最盛行的梁武帝时，也出现了范缜对佛教的深刻批判。而且反佛的思潮始终不断。

由于佛教有深邃的哲理，同时又有通俗的教义和因果报应的轮回说，有利于统治者对民众的统治和欺骗，因而在隋唐时期佛教也有相当大的发展。李唐王朝，由于姓李，与道教所崇奉的教主李耳同姓，因此道教更受到重视。尽管如此，唐王朝仍然没有否定儒学应有的地位，儒、佛、道三足鼎立，同时并存，这种情况甚至反映到佛教碑刻中。唐代著名书法家柳公权书玄秘塔碑文中就有反映唐代儒、佛、道并存的材料。玄秘塔为当时高僧大达法师所建，碑文由上柱国裴休所撰，现存西安碑林。其中说："德宗皇帝闻其名，征之，一见大悦，常出入禁中，与儒、道议论"。意思是说，唐德宗听说大达法师是位高僧，便把他召入宫廷，唐德宗见到高僧后很高兴，将他留在内宫，和儒者、道士一起讨论。从这段碑文来看，唐德宗时朝廷对儒、佛、道，似乎颇为一视同仁，可以在一起共同讨论学术。虽然如此，在唐代，儒学还是更受统治者的重视，注释儒家经典比起三国两晋南北朝时期更多。还有一点很值得重视，就是儒学对佛教的改造。佛教中的禅宗即是用思孟学派的思想改造出来的佛教宗派。它体现儒学的兼容性与适应性。而另一方面，还要看到，在唐代儒者反佛的思想斗争也很激烈，比如韩愈和柳宗元等人。这说明儒学在佛、道流行的时代，力争其在传统文化中的主导地位。

 魏晋玄学和儒学对玄学的批判

（1）玄学与两汉经学的主要区别。玄学是指流行于魏晋时期的主要学术思潮。玄学之所以用"玄"来称呼，是因为玄学崇尚《老子》、《庄子》、《周易》，在当时称之为"三玄"。《老子》说"玄之又玄，众妙之门"。意思是说"道"非常幽远深邃与微妙。玄学则是一种十分抽象、玄虚、深奥的学问。其思想以道家老庄为主导，其形式为清谈，所讨论的主要问题是关于有无、本末、动静、体用、言、象、意等等，使人感到高深莫测。玄学又称为"名胜"，《世说新语》有关于"名胜"的记载："宣武集诸'名胜'讲《易》，日说一卦。"所谓"名胜"是魏晋空谈，以名辩而取胜，是一种不要事实依据的诡辩，以此来显示其名门高人一等的身份。玄学是其创始人何晏、王弼在曹魏正始年间（240～249年）创建的，这时的玄学又称"正始之音"。玄学以道家思想为主，在一定程度上又用道家思想甚至佛经来注释儒学经典《论语》、《易经》，因此玄学有儒、佛、道结合的趋向，但并不以儒学为主，它强调的是思辨哲学。两汉经学与玄学的主要区别是前者注重章句训诂，以此达到通于道的目的，偏重人与人的关系。而后者注重"天人之际"的义理，偏重人与自然的关系。汉代经学，特别是西汉，因为《春秋》公羊学派居于主导地位，所以重在复古《春秋》，而玄学则重在以道家思想来解《论语》、《周易》。特别是补充《论语》中孔子很少讲的"性与天道"的问题，而并不注重《春秋》。从思想方法来说，玄学是"以简御繁"，即从抽象思维入手，用简易的方法，而不是用烦琐方法。

（2）玄学的特点与何晏、王弼对儒学的态度。何晏（195～249年），字叔平，生于名门贵族之家，政治上依附于曹魏集团，后被司马懿所杀。著作有《道论》、《论语集解》。王弼（226～249年），字辅世，生于经学世家，政治上没有何晏那么高的地位，但思想深邃，是个神童，何晏被杀之后，他不久病死，仅活了 24 岁。著作有《老子注》、《周易注》、《老子指略》、《周易略例》等。

何晏、王弼主张贵无论，认为天地万物都以无为本（《晋书·王衍传》）。认为孔子是真正体现"无"的圣人。又认为"名教"出于"自然"。他们着重思辨哲学，因而把老子的哲学彻底唯心化了。玄学的特点，大致可以这样来说：儒道结合，以道为主。

何晏论述的特点，总是要找出一个最初的"发生"，而不是"后天"所形成，仍然遵循着道家的无中生有的唯心主义的概念游戏。这种最初的"发生"当然是从老子的"贵因"说发展而来（《管子·心术》中也有"贵因"说）。

玄学的另一特点，是在构筑其思想体系时，遵循"以简御繁"的原则。他们一反两汉经学的烦琐训诂，而是"新"辟一条路子。何晏《论语集解》"温故而知新"章皇侃《疏》引晋孙绰补注："唯心平秉一者，守故弥温，造新必通。"可见"一"是最根本的。只要内心把握住事物最本质的东西"一"，就能严守旧有的，也能去求新的。而追求新的也必然可以通达。这里"秉一"即是"以简御繁"的意思。"一"是少，以少才能驾驭多。该书的"一以贯之"章有"故不待多学，一以知之也"，所释更为明显。因为在他看来，"一"是"道"，只要掌握了"道"即可，道是虚无玄远的绝对精神，只要有了它就可造出万事万物来了。这样来解释事物的形成，当然是神秘主义的思想，但也确实把儒家与道家合在一起了。这里"秉一"的思想当然是从老子那儿来的。

这种"以简御繁"的思想，在政治上深得当时统治者的垂青。因为它主张少数统治多数，把"一"当成皇帝，皇帝只有一个，而一个应该统治多个，所有的臣民都该服从皇帝，这是天经地义的（《论语》皇侃《疏》引王弼说："以君御民，执一统众之道也。"）。

何晏、王弼玄学思想的本质，可以从王弼《周易略例·明象》的一段有名的话来说明。

这段话说："象"是表现"意"的；"言"是说明"象"的。完全表现"意"没有比得上"象"的；完全表现"象"没有比得上"言"的。"言"是从"象"中产生的，所以可以根据"言"来观察"象"；"象"产生于"意"，所以可以根据"象"来观察"意"。"意"是用来完全表达"象"的，"象"因为用"言"表达才能显著。所以"言"是用来说明"象"的，得到"象"以后，就忘掉了"言"；"象"是用来成就"意"的，得到"意"以后就忘掉了"象"。犹如"蹄"（捕捉兔子的工具）是用来捕捉兔子的，捕得兔子以后就把"蹄"忘记了；"筌"（捕鱼的工具）是用来捕鱼的，捕得鱼以后，就忘掉"筌"了。然而，"言"是获得"象"的"蹄"；"象"是获得"意"的"筌"。所以，保存"言"，并不是获得"象"；保存"象"，并不是获得"意"。"象"从"意"产生出来，而"象"保存下来，则所成的并不是"象"；"言"从"象"产生，而"言"能保存下来，则所成的并不是"言"。然而忘掉了"象"才是获得"意"；忘掉了

"言"的才获得"象"。获得"意"在于忘掉"象"，获得"象"在于忘掉"言"。所以树立"象"用来完全表达"意"，而"象"就可以忘掉了；重视画可以用来完全表达情，而画就可以忘掉了。因为这种缘故，按类别可以形成它的象，符合"意"就可以形成它的特征。……忘掉"象"用来求得它的"意"，它的真正意义就可以看见了。"

这里说明王弼与汉儒不同，其主要在于重视抽象的意，而不重视具体的象。汉儒是"存象忘意"，而王弼是"忘象以求意"。《易·系辞上传》说："圣人立象以尽意，设卦以尽情，系辞焉以尽言，变而通之以尽利，鼓之舞之以尽神"。这里的"象"、"意"、"言"、"情"、"利"，侯外庐先生认为，前三者是主要的。王弼对此三者的解释，我们认为是说，"象"是圣人而不是一般人，比拟于天而对某物特定的形容，以达到可预兆其端倪，而且加以引申，因此就带有神秘色彩。即是说只有忘去其本来的形象，才能描绘出某物的形象，这当然只能由所谓"至神者"才可以办到。所谓"言"，是比拟于象的特殊的比喻，是需要认真体验和思考才能领悟出来的。"意"是指圣人而非一般人，取法天地自然的关键，从而化为人所能领悟的一种秘密，这当然又是十分玄妙的，只有依靠所谓心领神会才能懂得。所以这段话不是一般人所认为的那样是由客观到主观，由存在到意识，而是相反。王弼说，"象"是由意造出来的。而"言"是用来说明"象"的。而"意"的来源，则是"全自然的神授"。既然如此，就不用去花许许多多的工夫，而只需通过"简易"的途径，就能得到"天下之理"。王弼把这种"简易"的途径与孔子所说的"一以贯之"的"恕"道等同起来；又把它和老子所说的"道生一，一生二，二生三"的"一"等同起来，认为这样就可以统率万物适应所有复杂情况（《论语》皇侃《疏》引）。所以圣人君子才能从事出意、立象、制言的事。正如韩康伯解释王弼《易注》卷7时所说：圣人君子"体道"（即懂得"简易"的途径）而用之（出意、立象、制言），老百姓则天天都在用（"道"），却并不知（"道"）。因为他们体会这"道"的精髓太少了。其实"道"的精髓，并不复杂，而是极为"简易"。它虽然"简易"，却是根本。只要掌握其根本，别的就可以不必说了。因此王弼倡导"修本废言"（《论语》皇侃《疏》引）。侯外庐先生说："客观规律既然是不可知的，那么科学也就成了废话了。"（《中国思想通史》第三卷第119页）这是对王弼儒学思想本质的深刻揭露。

何晏、王弼的玄学，并不排斥儒学与佛学，其思辨的特点与佛学有共鸣之处，更便利于佛学的传播与发展。这就是何晏、王弼在学术思想史上所起的承前启后的作用。他们使战国秦汉学术转变为魏晋南北朝隋唐学术。而且宋明理学的一些概念，也直接导源于他们的著作中。如何晏的《论语集解》："性者，人之所受以生也。""凡人任情喜怒，违理。""性静情动……性是发生之全，情是后天之欲。"侯外庐先生认为，"这就是后来宋儒天理人欲的渊源"（《中国思想通史》第三卷第 110 页）。

由此看来，在魏晋玄学中，儒学并不占主要地位，而一些真正的儒者，如裴頠就对玄学进行批判以捍卫儒学的主导地位。

（3）裴頠对玄学的批判。裴頠（266～300 年）字逸民，他的学说有浓厚的儒学色彩，在当时起了积极的作用。

《晋书》卷 35《裴頠传》说："裴頠深深地忧患当时世俗放荡，不尊崇儒术，何晏、阮籍向来就有很高的名望，清谈虚无玄妙，不尊重礼法，坐享俸禄，取得宠爱，朝廷官员不办事，以至于王衍等人，名声荣誉太过分，职位高而权势重，不以国家公务为己任，大家都互相仿效，形成不好的风气，于是作《崇有论》一文来批评其弊病。"可见《崇有论》是专门批判"贵无论"的。

《晋书·裴頠传》所载《崇有论》说："本来没有，是不能生出有的。所以最初生出的，是自己生出的，自己生出的必须以有为本体，如果遗弃了'有'，生命必然就要亏损。生是以'有'为本分的，则虚无就是'有'不在时的称谓。所以养已经生化的'有'（万物），如果不利用万物，是不能生养万物的。治理已经生长的万物，就不是'无'所能办到的。心不是事，但心是制裁万事的。然而不能因为心不是事就说心是'无'。工匠不是器物，而器物是由工匠制造的。不能因为制造器物的工匠不是器，就认为工匠是不存在的。……从以上看来，能使'有'再增加的，必须先得'有'，虚无怎么能有益于已经有的众多事物呢?"这不仅是对何晏、王弼"以无为本"的批判，也是对老子的"无中生有"论的批判。裴颁的《崇有论》，我们可以看成是当时的儒家对道家与玄学的批判。它反映了儒学在玄学盛行的时代，仍然力争维护自己的主导地位。但严格说来，裴颁还未完全摆脱玄学的羁绊。不过在玄学盛行的时代，他维护儒家的礼教，反对玄学的主流"贵无论"，其精神十分可嘉。

(4) 嵇康对儒学的态度。嵇康 (210～263 年) 字叔夜，谯国铚 (今安徽宿县西) 人。他与阮籍、山涛、刘伶、阮咸、向秀、王戎等七人被称为竹林七贤。这是因为他们"常集于竹林之下，肆意酣畅，故世谓竹林七贤" (此本于晋人孙盛著《晋阳秋》引《世说新语·任诞》语)。这是说嵇康等人常常在魏地的竹林 (在山阳，属河内郡) 相聚，高谈阔论、饮酒作乐，放荡不羁，所以人们称之为"竹林七贤"。因他们在魏地，司马氏政权才难以对付他们。司马氏要任用嵇康而不可得，在嵇康等人的影响下，形成了避世放诞的风气，这对于司马氏来说，无疑是釜底抽薪，起着瓦解其政治班底的作用。而竹林七贤又团结一些人物，如吕安、赵至等。嵇康是竹林七贤的代表。

嵇康与曹氏既是姻亲，又是乡里，因此倾向曹魏，在政治上代表曹魏集团的利益，他不免受到司马氏集团的打击。司马氏"以孝治天下" (《晋书·何曾传》引何曾谓司马昭语)，属儒家。而嵇康"非汤武而薄周

97

孔"（《与山巨源绝交书》），反对司马氏。《世说新语·雅量》引《文士传》有钟会论嵇康的话，说他"上不臣于天子，下不侍候王侯，很傲慢地对待当世，不愿为当世所用，对当今没有什么好处，反而败坏了现在的礼俗"，于是要诛杀嵇康。侯外庐先生认为，"这是以思想罪论诛的，表现了专制主义特别法"（《中国思想通史》第三卷第 144 页）。

还有一个故事反映了司马氏集团与曹魏集团的斗争，《世说新语》记载：钟会（司马氏集团的成员）以前不认识嵇康，便邀请了当时的贤达一同寻找嵇康，嵇康正在大树下打铁，向秀为他拉风箱鼓风，嵇康飞锤不停，就像旁边没人一样，好久不与钟会说话。钟会起身要走了，嵇康才问："听了什么才来的？看见了什么才走的？"钟会说："听到了所听到的才来的，看见了看见的才走的。"钟会作为司马氏政权的高级参谋来访嵇康，实则是来刺探情报。双方的对话犹如唇枪舌剑，是一个颇具时代特色的故事。

嵇康等竹林七贤的论难，侯外庐认为"反映了豪门大族阶级内部在纠纷的同异离合之中，企图从超现实的概念方面寻求一种高明的支配思想以代替破产了的两汉神学"（《中国思想通史》第三卷第 166 页）。但是在"超现实的概念"后面却隐藏着曹魏与司马氏在意识形态上的对立，而嵇康与钟会的思想的对立尤为明显。最后嵇康终于被司马氏集团所杀害。

嵇康的二元论世界观是他哲学思想的核心，这里我们要着重介绍一下。

　　从宇宙的本体论来说，他认为万事万物是从运动中产生变化与生长的。他在《声无哀乐论》中说，天地相交合于德，使万物生长，季节的循环变化，使金、木、水、火、土五行形成，从而表现出五种颜色，发出五种声音。这种思想继承了道家的自然变化的观点。虽然他没有明确运动的原动力是什么，在他看来好像自然本身就存在，然而这种存在并非是有物质基础的存在，而只存在于人的概念之中，因此它是虚幻的。这样一方面是物质世界，而另一方面又是虚幻的概念，所以说它是二元论的世界观。

　　不过，嵇康并没有说明概念是如何转向物质的。因而是一种不成熟的机械的变化观。这就使他走向神秘的认识途径。他既认为有"常人"，又认为存在"至人"，即超凡脱俗的"圣人"或"神仙"。对物来说，既有一般的物，又有"至物"，即尽善尽美的东西。对音乐来说，既有一般的音乐，又存在着"至乐"，即最悦耳动听，能够"动天地感鬼神"的音乐。这种神秘的认识途径，使他不得不走向承认有超时空的存在的归宿。嵇康因为现实世界变化难于掌握，退而从虚幻的概念中去寻求安慰。他要否定现实世界，而概念世界虽然不变，但并不可靠，也难于实现。最终还是又回到现实世界中来，主张"异养"，以达到"尽性命"，从而"上获千余岁，下可数百年"。从音乐来说，没有声音的"至乐"是不可捉摸的，他还是退回到具体的"八音"世界中以求得"大和"之乐。这样一来，就使得他既要否定现实世界，又怀疑概念世界，从而悬在半空之中。这种情况，侯外庐认为"反映了依靠军事力量与土地结合着的、企图更新两汉神学世界观的豪族地主，是怎样地动摇于那种不着实又不完全落空的思想意识之中"（《中国思想通史》第三卷第171 页）。

嵇康的认识论是建立在他二元论世界观基础上的。在这一方面，他与庄子的相对主义认识论十分相似。

（5）儒道四本论及其所反映的儒学对玄学的批判。儒道四本论是用才性四本论来说明儒道的思想，可以归纳为儒道同、儒道异、儒道离、儒道合。当时以本体的"无"为根据而主张儒道同者，何晏、王弼都是如此。何晏把《老子》的"强为之名"和《论语》的"荡荡乎无能名"联系起来，说二者在"无所有"这方面是相同的。从而把老子与孔子等同起来。王弼则从"体无"上把《老子》与《易经》混同起来。所以，何晏、王弼是儒道合同这派的代表。其中，前者为儒道合，而后者为儒道同。主张儒道离者以著《崇有论》的裴頠为主要代表。他对儒道的区分有明确的论述，《晋书》卷 35 记载裴頠对老子"有生于无"的批判，认为这是"以虚为主，偏立一家之辞"。从这可以看出儒道两家的区别。但是，无不能生有的命题虽然可以通向唯物主义，但也可以走入唯心主义，裴頠是站在儒家的立场上批评道家的。东晋的孙盛著《老子非大贤论》，与裴頠是一致的。而在竹林七贤中刘伶、阮籍、嵇康则是反对儒家礼俗的。侯外庐先生认为此三人才是"真正主张'儒道离'的"，与鲁迅的主张有所不同。《晋书·阮籍传》说阮籍为青白眼，对礼俗之人用白眼来看，而对嵇康才用青眼来看，反映了他对礼俗之士的疾恶如仇。《晋书》卷49的《大人先生传》记载阮籍把儒家骂为裤子中的群虱，更可以看到他对儒家的态度。而鲍敬言著《无君论》痛斥儒家的贵贱贫富不平等、礼法制度和君主制度。主张儒道异者以葛洪为代表，但也是调和于儒道两家之间（据《中国思想通史》第三卷第197～200页）。

这四派中，儒道合派在晋代影响较大，除王弼外，还有向秀、郭象、韩康伯等。魏晋时期，由于政治上多变故，名士们往往动辄得咎，难以保全自己。从嵇康的被杀就可见其一斑。嵇康因为才智过人，以致招杀身之祸。《晋书》卷94记载，当时有位僧人孙登劝他说，你知道火是有光的，然而若不用它的光，那么它的光并没用处。人是生来就有才智的，然而才智不被用，才智也就没有用处。所以用光在于得到柴薪相继，才能保证其光耀。"用才在于识真"，所以能保全其寿命而不夭折。如今你才智甚多，而见识甚少，这样就难以容于当今的社会啊。在这里，嵇康没有孙登对当时社会认识得那么透彻，不能像庄子那样处于"材与不材之间"，不能"亦龙亦蛇"地适应社会的变化而保全自己，终于因得罪司马氏政权而被杀。儒道合派的思想家，则是类似孙登那样，以随波逐流的方式混世。

以裴頠为代表的儒道离派，代表了儒家的传统思想，在对儒道合的玄学的批判中显示出儒家在魏晋玄学盛行的时代，仍然力争成为中华民族的主导思想，并作了不懈努力。在儒道离派中，有一些人也批判儒家礼俗，但这并不奇怪，因为，无论是曹魏还是司马氏，为了巩固其政权，他们都打着以孝治天下的旗帜，而他们自身并非是孝子，只不过是利用而已。正如鲁迅先生在《而已集》中所指出那样："于是老实人以为如此利用，亵渎了礼教，不平之极，无计可施，激而变成不谈礼教，不信礼教，甚至于反对礼教。但其实不过是态度，至于他们的本心，恐怕倒是相信礼教，当作宝贝。"

南北朝隋唐佛教的兴起和儒学对佛教的批判与改造

（1）佛教的兴起和佛教的宗派。佛教自东汉传入中国以来，逐渐有所发展。到南北朝时，玄学虽未中断，但因为玄学流于空谈，不解决社会的实际问题，逐渐失去发展的市场，而为佛教的发展创造了机遇。唐代以后，佛教的势力更有发展，武则天时一度定佛教为国教。佛教的宗派主要有三论宗、天台宗、华严宗、法相唯识宗和禅宗等。其中以法相唯识宗的思想体系最为完整和细密。而禅宗则是最为中国化的佛教宗派，因此在后面要作介绍。

（2）儒学对佛教的态度。佛教传入中国以后，儒学与佛教的关系是较为复杂的，既有矛盾和斗争，又有调和、吸收与融合。大体上经历了东汉、三国、东晋的儒佛调和，南北朝、隋、唐初儒学对佛教的批判与斗争，中唐以后儒学对佛教的吸收与融合三个阶段。当然这样的划分并不是绝对的，其间仍有互为交错、比较复杂的情况。比如以批判、斗争为主的南北朝、隋、唐初这一阶段，就有隋代王通的儒、释（佛）道"三教合一"之说。

在中国，佛教是外来文化，但它的产生时间与儒家的创建大体同时。两者有一些共同处，比如都以人为研究对象，注意人生的意义与价值，强调道德修养，并通过修养的途径以达到最高的理想境界，从而形成各自的人生哲学体系。

儒学与佛教有更多区别甚至对立的地方，比如就人在自然界中地位而言，儒学认为天、地、人为"三才"，其中人最为宝贵，具有人本主义的色彩；但是不大重视个人存在的价值。佛教按是否超脱生死来把自然界的有生命的东西分为两类，佛与菩萨等为"四圣"，这一类是超脱生死的；未超脱生死的天、人、阿修罗（魔神）、畜生、饿鬼、地狱为"六道"。由此看来，人在自然界中的地位并不高，但是人的地位又是可以变化的，因为人可以修行。修行好，可以升入天国；做了坏事则下到地狱。而这一点与儒学重视人的教化在某种程度上是相通的。就人的价值观来说，佛教认为人生是痛苦的，而儒学认为人生是快乐的，只要不为外界物欲所干扰，就会乐在其中。由此而生出的人生理想也不同。佛教认为人生既是痛苦，因此应该摆脱这种痛苦，所以要出家来脱离人世间的苦海，要修行成佛，这就要彻底脱离现实社会，脱离政治生活，而在虚幻的精神境界中求得解脱；儒学则与之相反，是积极入世的。因为人在通过自己"修身"，进而"齐家"（治理好自己的家庭），进而"治国"（治理好国家），进而"平天下"。这就要重视社会组织和人与人之间的关系。从而形成两者在出世与入世方面的强烈对比。由此而生出佛教与儒学对待人伦道德完全相反的态度。佛教淡泊人生，不要人伦；而儒学强调人伦，重视"三纲"、"五常"，要处理好人与人之间的关系。在修养上两者虽都很强调，但其途径却各不相同，佛教要求"十戒"（指不杀生、不偷盗、不邪淫、不妄语等十种戒条），这是被神圣化了的道德规范。而儒学则重视人与人之间关系的道德修养。在是否承认彼岸世界上两者态度完全不同。佛教是承认彼岸世界的，而儒学否认彼岸世界。所谓彼岸，是佛教的超脱生死的涅槃境界，实际上是承认超脱于今世，即现实世界的来世。而儒学只重视现实世界，不承认来世，不相信佛教的因果报应与轮回转世之说。

由于儒学与佛教存在如此巨大的区别，佛教作为外来文化要在中国这样儒学占主导地位的国度立足，首先就要依靠儒学。因此，最初佛教就采取了主动靠拢儒学的姿态，甚至改变自己的某些观点与形象，以适应中国传统文化的社会特点。佛教高僧或在翻译佛经时强调儒佛一致的一面，或援用儒学的思想来阐明佛教的宗旨，到后来竟然根据儒学思想结合佛教的形式创建新的、具有中国特点的佛教宗派——禅宗。

佛教如何主动调和与儒学的矛盾呢？比如佛教的出世与儒学的入世截然相反，宗法观念、三纲五常的人伦道德，与佛教难以相容，但是，在翻译佛经时，或有意回避，或着意调和，甚至大量引用儒学经典造成佛教与儒学本相一致的印象。"顿悟成佛"之说，就是南朝竺道生运用儒学思想与佛教相结合产生的。到禅宗时，"顿悟"之说影响更大，而集理学之大成的朱熹"一旦豁然贯通"之论又来源于佛教的"顿悟"。华严宗的创建，也体现了佛教与儒学的结合，它把《周易》中的元、亨、利、贞四德与佛教的常、乐、我、净四德相配合；又把仁、义、礼、智、信五常，与佛教的不杀生、不偷盗、不邪淫、不饮酒、不妄语等五戒相配合，从而把佛教与儒学拉到一起来。

另一方面，儒学的一些有名学者看到佛教有可以利用的地方，并不完全反对佛教，特别是在社会动乱时期。比如在魏晋南北朝时战乱不已，儒者与僧人交往密切，东晋的孙绰就主张周公、孔子就是佛，佛也就是周公、孔子，其《喻道论》明确提倡儒佛等同。隋代的王通则主张"儒、佛、道三教合一"。因此，虽然在儒学的反佛高潮中佛教还是保存了下来。

（3）何承天、范缜、韩愈对佛教的批判。在儒学对佛教的批判和斗争中，何承天、范缜、韩愈是具有代表性的人物。现分别介绍如下：

何承天（370～447年），南朝东海郯（今山东郯城西南）人，著名儒者，也是有名的科学家。精通儒学经典、天文、数学。著有《礼论》，明代张溥集何承天的遗文，为《何衡阳集》。何氏对孔子十分推崇，而坚决反对佛教。他用儒学的观点批判佛教的因果报应说，认为它与《五经》的精神相违背，与先代圣人的思想不符合。孔子认为不知道生，怎么知道死。因此人们不应该相信佛教去追求什么"来世"的幸福，所谓的"来世"是无法验证的，如果抛弃今生的真正欢乐，去追求"来世"，这是徒劳无益的，只不过是捕风捉影，而绝不是"中庸"之道所要求的（《弘明集》）。他提出了形神相资说，并用火与柴薪的关系来比喻形和神的关系。在《答宗居士书》中他说，柴薪质地不好，火就微弱，柴薪要是烧尽了，火也就灭了。正如火不能离开柴薪而单独存在一样，人的精神也不能离开形体而独立存在。这样一来，人死为鬼神与生死轮回之说就失去了存在基础。对佛教的轮回说的批判无疑是十分有力的。何承天的形神相资说，继承了东汉桓谭、王充，魏晋杨泉等人关于形神问题的思想，克服了战国时代《管子》唯物主义精气说把精气与形体分离的二元论的缺陷，这对范缜《神灭论》的产生有直接的影响。

范缜（450～515年），南朝齐、梁时南乡舞阴（今河南泌阳县西北）人。家境贫寒，官至尚书左丞，精通儒学经典，对三礼尤其熟悉。著有《神灭论》。他曾驳斥齐竟陵王萧子良关于佛教因果报应说，批判神不灭论，引起很大轰动。当时萧子良约了许多僧人来非难范缜，但是都不能使他屈服。用高官厚禄来作为诱饵，也未动摇他的立场。

此后，梁武帝在天监六年（507 年）又围攻范缜，参与者有王公贵臣和 60 多位僧人，其规模较以往更大。但是仍然丝毫不能达到其目的。而在这场辩论中，范缜充分阐发了他的观点，把形神关系的学说推向了当时的最高水平。有名的"形神相即"、"形质神用"、"异质异用"说与刃利之喻，就是在这场辩论中提出来的。"形神相即"是同把形神两者割裂的神不灭论完全对立的学说。他认为，精神就是形体，形体就是精神，所以，形体存在则精神就存在，形体不存在则精神也就消灭了。"形神相即"的"即"就是密不可分的意思，不可各自独立，而是一个统一体，从而否定了精神可以离开形体独立存在的神不灭论。这是彻底的一元论的唯物主义思想。佛教曾利用"精气"说的二元论的缺陷，来论证神不灭论的正确。"形神相即"说则从理论上堵死了这个漏洞，使佛教再无空子可钻。

所谓"形质神用"，这是说形体是精神赖以产生的本质实体，而精神是形体表现出来的功用。二者不可能分割开来。由此可见，形体是物质，属于第一性的；精神是从属于形体的，属于第二性的。虽然如此，但两者又是一个统一体，即一个实体的两个方面。因此二者名称虽然不同，却是一个东西。在中国思想史上，这是就形神关系最先完整地确立的一元论唯物主义观点。而刃利之喻就是在论证"形质神用"时所用的一个形象生动的比喻。他认为，精神对于形体，好比锋利对于刀刃一样，形体对于精神，比如刀刃对于锋利一样。锋利的名不称为刀刃，刀刃的名不称为锋利；

然而抛开锋利就无所谓刀刃，抛开刀刃也无所谓锋利。没有听说刀刃不存在了而锋利还会存在的事。同样道理，怎么能承认形体没有了而精神还存在呢？用刃利之喻来说明"形质神用"，比过去王充、何承天等人用烛火或薪火之喻更为合理，也使佛教难以有空子可钻。

所谓"异质异用"，这是说不同的形质有不同的功用。比如人的形质（即形体）与草木的形质就不同，人的形体有知觉，而草木的形质则没有知觉，因此他认为人的形质（即形体），并非草木的形质，草木的形质并非人的形体。知觉与精神现象并非所有的物质都具有，而只是人所特有的功用，其形体与精神又是统一的。他用这一观点进一步批判了佛教混淆活人与死人有质的区别的谬论，指出只有活人的形体才有知觉和精神，死人就没有知觉和精神，正如只有活的树木才能开花结果，枯死了的树木不能开花结果一样。

同时，范缜还指出佛教给政治与社会、家庭与民族所带来的巨大的危害。

但是范缜还是承认"神道设教"，赞成封建统治者设立宗教以统治民众。而他所批判的面并不广，对佛教大乘空宗的理论就没有涉及。当然我们不能求全责备于古人，应该看到，范缜在儒学史上宣传无神论、批判神不灭论，是有重大贡献的。

韩愈（768～824 年）字退之，河阳（今河南孟县）人。自称郡望昌黎，因此世称韩昌黎。他出生于庶族地主家庭，而在政治上更多地依靠豪族地主。任过刑部侍郎、京兆尹兼御史大夫等职。其著作编为

《昌黎先生集》。

韩愈是著名的文学家，在古文运动的唐宋八大家中，居于首位；他是儒学的卫道士，首倡道统，是力图恢复儒家传统思想主导地位的思想家。他反对佛教十分坚决，但是当时佛教的势力很大。唐宪宗十分相信佛教，并且还要将佛骨迎入宫中供奉，韩愈上疏阻止，使宪宗大怒，要将他处死，在大臣的劝阻下才免于死罪，被贬为潮州刺史。韩愈的反佛精神可嘉，他认为，佛教的广泛传播严重阻碍了儒学的发展，使孔子之道不明，而又劳民伤财，简直是祸国殃民。因此必须彻底禁绝，要让僧侣还俗，烧掉所有的佛经，把庙宇改作居民住宅。

韩愈在批判佛教的"祖统"说时提出了"道统"论。他认为儒家的道统比佛教的"祖统"更早，是从尧开始而传给舜，舜传给夏禹，夏禹传给商汤，商汤传给周文王、武王和周公，周文王、武王和周公传给孔子，孔子再传给孟子。孟子死后，道统就中断了（《原道》）。他显然以道统的继承人自居。

他在人性论上主张性三品说，明显地承袭董仲舒。但他有所发展，认为人不只有性，而且还有情。性与情各有三品。他又把性与五常相联系，认为性有五种要素，即仁、义、礼、智、信；情有七种要素，即喜、怒、哀、惧、爱、恶、欲。佛教只重性，而不要情，从而导致不要人伦与纲常，这样就给社会带来极大的危害。韩愈很重视《大学》、《中庸》，注意义理的发挥。特别强调其中修身、齐家、治国、平天下的修养过程。这对宋明理学有相当大的影响。但是，韩愈对佛教的理论批判缺乏深度，并不能真正解决问题。然而他强调伦理纲常，直接为封建统治者服务。他的思想对宋代理学的产生起了积极的作用。在儒学史上是一位承前启后的重要人物。

（4）中国化的佛教宗派——禅宗的佛学思想。禅宗是以禅定来概括佛教的全部修习过程，其创始人是唐代的弘忍（601～674 年）。他在今湖北省黄梅县所建的"东山法门"，即后来的"北宗"（神秀在约606～607 年所创），在武则天时一度被立为国教。弘忍的弟子慧能（638～731 年）在广州创立"南宗"。因为慧能出身贫寒，起初他只在中下层社会活动，后来才有很大的发展。禅宗的教义简单，通俗易懂，没有烦琐的仪式，很容易被人接受，更重要的是它的理论具有中国化的特点。主要经典是《六祖坛经》。主张心性本净，佛性本有，见性成佛。认为"真常"的心性是世界的本原，它派生万事万物。《六祖坛经》记载，有一次风吹着庙里的小旗飘动，一个小和尚问："是风吹小旗飘动吗？"有个和尚回答说："是小旗在动。"众和尚议论纷纷，于是慧能说："不是风动，也不是小旗在动，而是'仁者心动'。"意即人的"心"在动。这个故事反映了禅宗主观唯心主义的实质。禅宗又认为一切众生都有佛性，人人都可以成佛。只要"明心见性"，即"顿悟"，就可以成佛。慧能认为，众生与佛之间只有"一念之差"，自己不能觉悟自己的心性，就是迷；自己一旦觉悟到自己的心性，就是悟。只要一悟，豁然之间一切私心杂念都消失，就认识了自己的心性，也就达到佛地。"顿悟"是一种神秘主义的认识途径，是孟子所主张的"性善"论的发展，是人人都具有善的本性的延伸。禅宗依靠自身本来具有的"般若智慧"来觉知"自心真性"的内心自省的修养功夫，是"不假外求"的。这显然是受孟子"尽心"、"知性"学说的影响。从这种意义上说，禅宗是受孟子思想渗透与改造的中国化的佛教宗派。

由于禅宗有如上的特点，极易传布，后来取代了其他佛教宗派的烦琐义学，从而成为发展最为广泛的佛教宗派，并且传入朝鲜、日本和东南亚，成为佛教的主要宗派。而且禅宗对宋明理学有相当大的影响，可以说宋明理学是由儒、道通过禅宗为中介而形成的儒、佛、道三家的融合。

从儒学对禅宗的态度可以看出，儒学并不一概反对佛教，而是要改造佛教，使之成为中国化的佛教。由此可见，儒学具有兼容性，它并不一概排斥外来文化，而是要经过改造为我所用。

由于玄学与佛教都着重抽象思维，而其中都有儒、道、佛的互相影响，这些就为宋明理学的产生创造了必要条件。

四　宋元明以朱熹、王阳明为代表的理学之儒

 宋明理学概述

宋明时期的哲学主要是理学。宋明理学或称道学和宋学，但道学的范围比理学要相对小些。北宋的理学当时即称为道学，而南宋时理学的分化使道学之称只适用于南宋理学中的一派。至明代，道学的名称就用得更少了。宋明理学的体系主要有两大派。一派是宋代占统治地位的道学，其中以洛学为主干，至南宋发展到高峰，在明代仍有很大影响，并维持着正统地位，因其主要代表为二程、朱熹，故常称为程朱派。由于二程与朱熹皆以"理"为最高范畴，所以后来习惯于用"理学"指称他们的思想体系。另一派是在宋代产生而在明中期后占主导地位的以"心"为最高范畴的思想体系，代表人物为陆九渊、王守仁，故又称为陆王派或陆王"心学"。因此，广义的宋明理学是指以研究儒学的《六经》、《四书》的义理为特点的义理之学；狭义方面则是指程朱理学和陆王心学。

大体上，理学讲述的主要问题有理气、心性、格物、致知、主敬、主静、涵养、知行、已发、未发、道心、人心、天理、人欲、天命之性、气质之性等。其中还可以衍生出其他许多问题，如理气问题又可衍生出理气先后、理气动静、理气同异、理气强弱等。这些问题中，"格物"、"致知"出自《大学》，"知行"出于《论语》，"心性"见于《孟子》，"人心"、"道心"出于《尚书》，"天理"、"人欲"出于《礼记》，"已发"、"未发"出于《中庸》，这些经典的问题经过不同诠释获得了新的意义。

（1）宋明理学产生的历史条件。作为一种社会思潮，宋明理学的兴起，是与一定社会经济、政治相联系的。首先，宋明理学的兴起是社会经济和自然科学发展的结果。两宋社会经济的发展，使一些足以标志封建社会后期生产力水平和技术水平的农业、手工业工具得以出现，耕地面积也迅速扩大，与农业生产的发展相适应，手工业也有很大的发展，如矿冶业、纺织业、制茶业、瓷器等手工业。同时，科学技术也发展起来，农业科学技术、农业工具得到较大的改进，最著名的是活版印刷术。一些学者在前人积累的大量经验基础上，写成了科学著作，如沈括的《梦溪笔谈》，这些都为理学家进行哲学的概括提供了客观基础。

其次，理学的兴起是社会矛盾激化和对隋唐佛、道批判的结果。宋代社会矛盾极为尖锐复杂，阶级矛盾和民族矛盾相互交错。北宋初年爆发了王小波、李顺领导的农民起义，末年有方腊的农民起义。南宋初年爆发了钟相、杨幺起义。起义对儒、释、道进行了批判，表明这三教已难以维系人心。于是重新创建适应于宋代中央集权统治需要的政治思想和哲学理论，就成为当务之急。

同时，宋初的思想家继承韩愈批佛道、兴儒学的传统，均以复兴儒学为志向，决心改变三教并立的状况，创立一种既不同于前期儒学思想，又要吸收佛、道思想资料的新儒家学说，于是，理学便应运而生了。

再次，理学的兴起也是当时统治者现实政治和重整伦常的需要。赵宋王朝有鉴于历史教训，进一步从思想上控制社会，杜绝所谓的"以下犯上"和"臣弑其君"等活动，由此而产生了封建专制在哲学上的化身——宋明理学。

总之，理学作为封建社会后期居统治地位的意识形态，适应了加强中央集权统治的需要以及强化伦理纲常和道德名教的需要，是当时社会存在的产物。

（2）宋明理学的形成和流派。理学的形成与宋代重视教育，大力兴办书院和学校也有关系。当然，理学的产生，除了适应统治者需要与兴办书院和学校之外，还有其内在条件。首先是义理之学的盛行，宋明理学是以对儒家经典《六经》，特别是以《四书》的义理的研究为特点的一种学说，它强调义理之学，所以叫理学。从西汉到隋唐，对《六经》的训诂之学很盛行。到宋代，训诂之学衰落了，而比较强调经文的义理，这种重视义理的倾向，在唐朝韩愈和他的学生李翱治学时就已开始了。宋代不少学者对《六经》注疏开始怀疑，继欧阳修对《十翼》为孔子所作提出怀疑以后，朱熹怀疑《诗序》，并在《诗集传》中删去了《小序》，说明义理之学已不太重视《六经》，而比较重视《四书》（《大学》、《中庸》、《论语》、《孟子》）。由重视《六经》到重视《四书》的转变，这是一个历史的过程。

理学是儒、佛、道融合，以儒学为主体的思想学说。它不仅在本体论方面走上了一条儒、释、道三种思想体系互相汲取和融合的道路，而且在认识论、人性论、性理修养和范畴使用等方面，也都汲取了佛学和道学不少东西。也正因为这样，宋明理学才成为一个思辨性较强，而又集古代唯心主义之大成的体系。

宋明理学有多种流派，其主要的是濂、关、洛、闽四派。濂学以周敦颐为代表，周敦颐居道州营（今湖南道县）濂溪，故名濂学。关学以张载为代表，因张载讲学关中（古代称函谷关以西为关中），故称关学。洛学，以程颢、程颐为代表，因为二程为洛阳人，所以称洛学。闽学，以朱熹曾侨居并讲学于福建路的建阳，福建别称闽，故称闽学。还有陆学与王学，即以陆九渊为代表的学派和以王守仁为代表的学派。

在宋明时期，理学是主流。但也存在着对理学批判的思潮。比如永康之学的代表陈亮，永嘉之学的代表叶适，他们属功利主义学派，主要从政治上批判理学，但在哲学上造诣不深。明代的王廷相继承张载的唯物主义的气一元论哲学，以"气本"论在哲学上批判理学。

（3）宋明理学发展的诸阶段。宋明理学的发展，大体经历了这样几个阶段：开创阶段；奠基阶段；集大成阶段；解体阶段；批判和总结阶段。

北宋年间，为酝酿与开创阶段　　"宋初三先生"（胡瑗、孙复、石介）是理学的先驱。他们在书院讲学过程中，不重训诂而重义理，开创了后来借儒家经典以建立理论体系的先河。

周敦颐被称为理学的开山祖师。他最早阐明心性义理，提出了一系列理学的基本范畴。邵雍则在象数学方面为理学奠基。张载也是理学的主要奠基人，他"太虚即气"的本体论很有特色，其唯物主义哲学为后世的唯物主义哲学家继承和发展。程颢、程颐则继承发展了周敦颐的学说，他们"天理论"的本体论，"理一分殊"之说和"天理"与"人欲"关系的论述，"格物致知"的认识论，对朱熹及后世理学家有很大影响。

南宋到明初，为成熟阶段　　这一阶段主要是理学集大成者朱熹的出现。朱熹的哲学体系庞大，以儒家伦理为核心，糅合了佛、道及诸子的学说。他的"理"、"气"对举的本体论，吸收了程颐、张载的本体论并加以改造，把"气"纳入"理"的体系，从儒家道统的高度论证了"天理"与"人欲"的关系。他还在二程"格物致知"认识论的基础上提出了"持敬说"，通过专心致志的自我修养途径达到认识天理的目的。总之，朱熹哲学的各个方面达到了当时理学发展的最高水平。正如全祖望在《宋元学案·晦翁学案》

按语中所说，是"致广大，尽精微，综罗百代"。

吕祖谦、张栻在理学史上也有一定地位。他们与朱熹三人，在当时被称为"东南三贤"。陆九渊不满程朱的客观唯心主义理学，独辟蹊径，创立了"心即理"的主观唯心主义哲学体系，改变了朱熹"支离"的方法论，"先立乎其大者"，从内省的途径"发明本心"，以达到明"理"的目的。陈亮、叶适则针对理学家空谈心性的弊病，提倡功利。

在元代，朱学北传。许衡、刘因、吴澄是著名的理学家。朱学被立为官方哲学。这是理学成熟的标志。而陆学在一定程度上受到压抑。

明代中后期，为解体阶段　朱学成为官方哲学以后，其弊病越来越严重。到明代初期特别是中期，空谈性理，道德沦丧，于是王守仁抛弃朱学靠拢陆学，从而建立起完整的心学体系，即彻底的"心即理"的本体论、"致良知"的认识论与"知行合一"的知行观。王学的兴起与广泛传播，取代了程朱理学的地位。

王守仁心学体系因内在矛盾而导致了其后的学术分化，出现了以钱德洪为首的保守王学的一派和"竟入于禅"的王畿一派，还有以王艮为首的泰州学派等。这就使理学走向解体。明代的唯物主义哲学家王廷相、罗钦顺等对理学进行批判，更加速了解体的进程。

明末清初，为总结阶段　这一阶段主要以王夫之、黄宗羲、顾炎武、孙奇逢、李颙等为代表。我们把他们放在下一章清代儒家里进行论述。

理学的开山鼻祖周敦颐

（1）生平与著作。周敦颐（1017～1073年），原名敦实，后避宋英宗旧讳，改为敦颐，字茂叔。道州营道（今湖南道县）人，终年57岁。他曾建书堂于庐山麓，堂前有溪，仿其乡里濂溪之名，命名濂溪书堂，晚年定居于此，后人又称他为濂溪先生。他幼年丧父，随母依靠任龙图阁直学士的舅父郑向生活。20岁时，因其舅父的关系，试做主簿以后，便历任州县地方官吏，在任南安司理参军时，程珦（即二程的父亲）见他"气貌不像一般的人。与他交谈，果然是有学问的人，就与他结为朋友"。后让自己的儿子程颢、程颐拜周为老师。周敦颐任合州判官时，当时学士跟他学习的很多。他曾在43岁时与王安石相遇，二人深谈长达几天，王安石因此受到启发，回去后冥思苦想以至于废寝忘食（《周濂溪年谱》）。由此可见他学说影响之大。他为官三十年中，又过着传道授业的生活，据《年谱》记载，他作郴县县令时，先做的事就是修学校授徒；在合州时，跟从他学习的人很多；在邵州，更是大开讲学之风。他的立学宗旨，是注重道德修养，为数百年理学开其端。黄百家在《宋元学案·濂溪学案》的按语中指出"心性义理"的精深微妙应当以元公敦颐为首创者。他提出的一系列理学基本范畴，为二程、朱熹所继承和发展，因此人们才说他是理学的开山祖师。

周敦颐著作主要是《太极图说》和《易通》，因此我们从这两部著作来评述他的儒学思想。

（2）《太极图说》的哲学思想。周敦颐的《太极图说》继承了道教的《太极图》。此书论述了他的宇宙生成论、万物生成论和人性论。他所说的"由无极而为太极"，实际上是老子"有生于无"的翻版。他认为宇宙就是由无极（无）中生出太极（有）而形成的。由太极运动生阳，运动到了极点，转而为静，由静而生出阴；静到极点，又转为动。这样一动一静，动根于静，静根于动。由此分出阴阳，于是天地就形成了。由阳变阴合，从而产生水、火、木、金、土五行，由五行之气的顺序流布，从而推动春、夏、秋、冬四季的运动。五行就是阴阳，阴阳就是太极，而太极又本于无极。这就是周敦颐的宇宙生成论。

周敦颐的万物生成论认为：金、木、水、火、土五行的产生，各依照自己的素质和特性。以"无极之真"为动力，使阴阳二气与金、木、水、火、土五行之精华奇妙地发生凝合，从而在天地之间由乾道生成男，坤道生成女，进而发生阴阳二气相互交感，使之化生出天地之间的万物，由于万物化生因而产生出无穷的变化。

（3）性五品说与诚、神、几范畴。《太极图说》阐述了周敦颐对人道的看法。他认为，在世间万物之中，只有人能得到天地的秀气而成为万物之灵。形既然产生，就有了神，而且有知觉和思维能力。五行之性因感于外物而动，便分出善与恶，从而生出万事万物。在纷乱的万事万物中，由圣人规定出中正与正义的榜样，从而使其归于静。因为无欲，所以就静，这样就树立了人的最高准则，达到这个准则就是圣人。所以圣人与天地的大德、日月光明、春夏秋冬四季的顺序、鬼神所作的吉凶相符合。君子按照这个修养就吉，小人不按照这个修养就凶。因此，周敦颐提出了"性五品说"。他认为，刚、柔、善、恶是人性的几个主要规定，刚柔与善恶相配而形成了刚善、刚恶、柔善、柔恶几种主要的人性类型。在他对人性的看法中，认为人性有刚有柔，而刚性中有善的刚（刚善），又有不善的刚（刚恶）；柔性中有善的柔（柔善），又有不善的柔（柔恶）。如严毅是善的刚，强梁是恶的刚，慈爱是善的柔，懦弱是恶的柔，等等。由于人是气构成的，所以人性的这种偏差以及人与人之间的差别是必然的。人应当努力去除不善的刚柔，同时使刚与柔相辅相成，这样就能达到"中"。圣人的本性是"中"，"中"是五品中最高的境界。常人则均有偏于刚柔善恶。这个"中"的范畴，对理学有较大的影响。

周敦颐在《易通》中进一步指出了"诚"、"神"、"几"的范畴。"诚"指人的本性，"神"指人的思维能力。本性是诚是至善的，又是寂然不动的，就是说本性没有活动，没有思维。当人与外部事物发生接触，本性决定思维活动作出反应。本性为静，发而为精神知觉是动，精神活动刚刚萌发而尚未明显时叫做"几"。"诚"是《易通》中最主要的思想。诚是圣人的根本，是万物生命的根源。它是太极所派生的德性，也可以说诚就是太极，是宇宙的中心，是一种绝对精神，是寂然不动的根本。总之它是纯粹至善的，它既是宇宙形成论的最高范畴，又是伦理道德的最高范畴。周敦颐把"诚"作为儒家修养的中心。他认为，诚是一切道德行为的根源，凡是不基于"诚"的行为都是不道德的。"静无动有"就是"诚"的内容，"寂然不动"即"静虚"，乃"诚"的主体。关于"神"，他认为"感而遂通"（有所感悟思想就畅通了），即"动直"，乃诚的作用，所以称为"神"，是运动的本原，是运动的动力。什么是"几"呢？静无动有之间的地为"几"，是动直的开始，很细微，所以称为"几"。人性本是善的，但与外物接触就有善恶的区别，它处于由无变为有之间，其开始是十分微小的，其中的原因就是"几"。

周敦颐的性五品说与诚、神、几范畴构成了他的伦理学说，建立了"立人极"的道德伦理思想，即指做人的最高标准，符合这最高准则的便是"圣人"。其内容是中、正、仁、义，其方法是"无欲"、"主静"、"迁善改过"等。这些思想开理学家重道德伦理之端，并且影响深远。

（4）历史地位及影响。周敦颐为道学的开创者，他的哲学逻辑结构实有发端之功。他构造了一个容纳自然、社会、人生为统一体系的图式。他为糅合儒、释、道三教思想开拓了道路，在三教合流的社会思潮下，以儒学自诩的道学家在批判佛、道的同时，援道入儒，构造了糅合佛老，熔铸《易》、《中庸》的哲学

121

逻辑结构，启迪了后来的理学家。他不仅影响理学中程朱一派，对陆、王"心学"也有影响。

总之，周敦颐作为宋明理学的开创者，不仅开一代之思潮，而且开一代之学风。他上承秦汉隋唐以来儒释道之学，下启宋明理学，是中国哲学发展史上不可缺少的一个环节。

理学的另一位开创者邵雍

（1）生平与著作。北宋五子中的邵雍，是一个很特别的人物。他的以象数学为形式，以"内圣外王之道"为内容的学问，使他成为兴起于北宋的理学的核心人物之一，但又"别为一家"，不同于程、朱正统派理学。

邵雍（1011～1077 年），字尧夫，谥康节，河南人。因为他三十岁以前曾在河南共城（今辉县）"居苏门百源之上"读书、学习，所以后人称他的学派为"百源学派"。邵雍少年时，随父居今河南辉县，家境贫苦，但他坚持苦读，并师从共城令李之才，接触了性命之学。三十岁以后举家迁往洛阳，晚年也定居洛阳。他一生不仕，曾中进士，但隐居不出。著有《皇极经世》、《伊川击壤集》等百万字的著作。

（2）"一分为二"的思想与象数学。继周敦颐之后，邵雍用"一分为二"这个法则，描绘了一幅宇宙生成的变化图。他认为万物是由一个精神本体"太极"演化出来的，太极生两仪（一分为二），两仪生四象

（二分为四），四象生八卦（四分为八），八卦相错，然后产生万物。这里的"两仪"即动静，"四象"即阴阳柔刚，八卦即日、月、星、辰、水、火、土、石。日月星辰有寒暑昼夜之"变"，水火土石有风雨霜雪之"化"，这八者的相互错综变化就产生出万事万物。邵雍把两仪、四象、八卦说成是"象"，把与这些"象"相对应的一、二、四、八、十六等，说成是数。他用这种每层加一倍的一分为二，二分为四，四分为八，以至于无穷的象数关系，来表示"太极"产生万物和宇宙形成的过程。邵雍还认为，在"一动一静交"、"一阴一阳交"、"一刚一柔交"之后，才出现宇宙的生成和变化。但是，邵雍认为"天下之数起于理"，这就是唯心主义观点了。"理"在邵雍的哲学中相当于"太极"，"太极"是一种精神实体，因此数是作为精神实体的所谓理（太极）的体现。

（3）"观物"的认识论和辩证观。邵雍对"观物"极为重视。所谓观物，既非眼看，也非心想，而是从"理"的角度去观察。"物"在邵雍看来也包括了人。宇宙间最大的"物"是天地，最灵的"物"是人，因此以"目、心"观物，都带有主观性，所以只能认识到事物"形"、"情"等表面的东西。而以"理"观物，却不带有主观，所以能见物之性，认识事物之本质。这种从"理"的角度观物的方法，邵雍把它叫做"反观"，即不从人的立场，而要从物的立场认识事物。因此，邵雍认识事物就是由"器"（具体事物）开始，通过人和"反观"再回到"太极"（精神）。

邵雍在阐述"太极"的演化过程中，谈到了一系列的对立、矛盾，如阴与阳、动与静、刚与柔、天与地、水与火、雷与风、山与泽等等，并且认为，由于这些矛盾的存在，产生了宇宙万物和宇宙万物的变化。他对事物"物极必反"的矛盾转化规律，也是有所认识的。他认为阳盛到极点，便向阴转化，阴盛到极点，阳也随之发生。这些说明，邵雍的辩证法思想还是很丰富的。

（4）邵雍在儒学中的地位及影响。邵雍在理学中的地位由于朱熹的推崇而得到肯定。因为邵雍把"易学"纳入理学的范围，邵雍的哲学思想，是以象数学为其表现形式的，由于象数学的复杂和浓厚的神秘性，使人望而生畏，所以邵雍的思想，对后世的影响不大。邵雍的象数学，靠数字的排列与组合，制作了一系列的，包括不少数学道理在内的所谓图数。所以邵雍在"易学"中属象数派，在"易学"象数派中又"自为一家"。总结儒学史，不能不涉及"易学"象数派和理学周邵系，所以邵雍在儒家及儒学中自有其地位。

理学奠基者二程的"天理"哲学

（1）生平与著作。程颢（1032～1085年），字伯淳，后人称明道先生。程颐（1033～1107年），字正叔，后人称为伊川先生。二程是河南洛阳人，在政治上倾向保守，反对王安石的改革，他们是理学的奠基人。兄弟二人长期在洛阳讲学，逐渐形成了他们的

"洛学"学派。其著作为后人编为《河南二程全书》。

二程在青年时期师从周敦颐，他们与邵雍是朋友，与张载是亲戚，张载是二程的长辈。他们在一起讨论学问，互相有所影响。这五个人是道学在宋代的重要人物，后人称为"北宋五子"。

（2）二程"天理"哲学的本体论。二程认为产生自然界与人类社会的最高本体是理。"理"又叫"天理"，是二程哲学的最高范畴。二程认为"天下只有一个理"（《河南程氏遗书》卷18）。只有"理"才是最根本的，最先存在的，世间万事万物都是由理产生的。世界上任何事物，包括自然现象和人类社会现象，都是"理"的体现。作为万物本原的"理"，是最真实的存在，它并不是人们可以直接感觉到的形体之实，而是指一种精神性的真实存在。那"实"或"物"是如何产生的呢？二程认为，万事万物是由气变化而来，而"气"是由"理"派生出来的。二者的关系是理是第一性，"气"是第二性的。"理"就是"道"，道与气是有严格区别的。"道"并不是指具体的阴或阳，而是指之所以形成阴阳的那种理。道是看不见的、无形的，阴阳之气交感而化生万物。

程颐还谈到"理"与"象"、"数"的关系。他说"有理之后才有象，有了象之后才有数"。因此，他认为重象数是舍本求末，本末倒置。因为理无形，看不见摸不着，所以用卦象来说明理，理既然从卦辞中体现出，就可以由卦辞中观察到象，所以说只要懂得理，象数也包括在其中了。

程颐还指出了"理一分殊"之说。他们认为佛教《华严经》的"事理"就是讲"万理归于一个理"。在评价张载《西铭》时，程颐认为它体现了"万理归于一理"之说，并进一步表述为"《西铭》明理一分殊"。这样就形成了理学"理一分殊"的重要命题。"理一"是指宇宙间仅一个最高的理，即"太极"或"天理"。"分殊"是指万物各自的理，只是最高的理（即天理或太极）的体现。

"天理"与"人欲"的关系是宋明理学所论述的主要问题。"天理"一词最初出于《庄子·天运》。而作为理学重要范畴的"天理"则是由二程最早指出的。它是二程哲学的最高范畴。"天理"就是"理"。"理"在天下只有一个，是推之四海皆准的。"天理"又是当时的道德规范，三纲五常是"天理"，是天下的法则，没有任何人在任何地方可以违背它，如果不遵守法令，也是不符合道义的，即违反"天理"的。因此"天理"极为重要，它是人区别于禽兽的标志，也是人之所以成为人的根本。二程认为只有消灭掉私欲，天理才能昭明。而宋明理学"存天理，灭人欲"的主张，正是由此而来的。这种学说，程颢首先从儒家"道统"的高度来进行论证，"天理"与"人欲"之别，成了"道心"与"人心"之别，从"道心"出发，并坚持到底，没有丝毫杂念，这样就可以达到"天理"。而按照中庸之道的原则做到无过无不及，恰到好处，这就是运用天理的正确方法。

二程关于"天理"与"人欲"的学说，对于维护按照"三纲五常"建立起来的统治秩序极为有利。这是因为使为君的尽君道，为臣的尽臣道，社会上人人各安其分，这样统治者的统治就巩固了。用这样的方法来为统治者服务，比汉代董仲舒以神学目的论来论证"三纲五常"的统治秩序要精微得多。这种理论对当时的统治者，特别是贪官污吏，也有某种限制的作用。但是另一方面，二程这种学说，又是以牺牲被统治者的利益为前提的，特别是他们提倡男尊女卑，寡妇不可再嫁，再嫁就是"失节"。程颐说"饿死事极小，失节事极大"，从这个角度说"理学杀人"，是一点也不过分的。

（3）"格物致知"的认识论。二程认识论中，在知行关系问题上，强调知对于行的重要性。认为"知行二者"是"以知为根本，行则次之"。二程不仅有"知先行后"的观点，而且还主张"并不只是行困难，知也是困难的"。随便学学是容易的，要真正弄懂，获得真知是难的。进一步说，获得知识还不算难，要从中获得属于自己的心得体会，提出独到的见解，这样就更难。不过二程所说的"学"，即知识，是使人内求而不是外求。所谓"内求"就是"观物理"（即格物求知），格物即是穷理，穷理然后就能够获得知识。"致知"就是做到最好的地步才停止下来，比如当儿子的要做到孝，做父亲的要做到慈爱。不懂得格物又想达到意念诚心端正，而能够修养自己的身体的人，是不能符合理的要求的。因此二程把格物穷理的"理"与天命人性、义理和心联系起来，认为它们的实质是一样的，这样本体论、伦理观与认识论就结合起来了。

二程在认识上的一个突出特点，是把认识分割为"闻见之知"与"德性之知"，认为从人的感觉器官耳朵和眼睛所获得的知识，即感性认识并不重要。理性认识的获得并不依赖于从外界获得的感性认识，而是从内心体验的结果。这种唯心论的唯理论是对孟子认识论的发展。

总述二程的认识论，其主张的格物功夫，就是要人们"今日格一物，明日格一物"，通过量的不断积累，以至"积习既久"，然后就能达到豁然贯通，认识到自身和万物共有的"天理"。二程虽然接触到了由量到质的认识发展过程，包含有合理因素，但是，由于二程要人们通过格物而穷的"天理"，并不是指客观事物及其属性，而主要是封建的纲常伦理，所以人们一旦认识到天理以后，就能循理而行，达到"止于至善"这个目的，从而在行为上不违背封建的纲常伦理。因此，二程格物致知认识论的主导方面，还是为巩固封建中央集权服务的。

（4）"性即是理"的人性论。二程赞成孟子的性善说，认为人性没有不善的，如果有不善，那是由于"才"的不同。他们把人性论提高到本体论的高度，认为"性即是理"。而"理"是上至尧舜，下至一般人都有的，所不同的是因为"才"的气有清浊之分，禀受清者就是贤人，禀受浊者就是愚者。他们又认为，人之所以不善，是被气所昏塞了。孟子提出"养气"、"养心"，就是要除去昏塞之患，使气"清明纯全"以保持善性。禀受"清明纯全"之气的人当然是贤者；二程还认为，就是禀受浊气的愚者也是可改变的，只有下愚的自暴自弃的人才不能改变。人之所以自暴自弃，固然是因为才，但不能说它是不能改变的。因为性是可以改变的，如果自暴自弃，不肯努力学习，这样就不能改变；只要努力学习，也是有可以改变的道理的。

（5）"无独必有对"的辩证思想。在二程哲学中，不仅初步建立了一套以"天理"为本体的宇宙观、认识论和人性论，而且其中还包含有一些朴素的辩证思想。

首先，二程肯定了事物运动变化的普遍性和永恒性。天下的事物没有静止的理，不进则退，不退则进。程颐认为"随时变易，乃常道也"。他们在肯定运动变化是一个普遍规律的基础上，还进一步论证了运动和静止的关系，认为"静中便有动，动中自有静"。由于运动和静止相互依存，不断变化，事物总是处于"动静无端"的永恒变化之中。

其次，二程提出了"无独必有对"的命题，肯定了矛盾的普遍性。天下的事物都不是孤立存在的，而是成双成对的。比如阴阳、善恶，有阴必有阳，有善必有恶。阳不断增长，阴就消亡；善不断增长，恶就自然减少。这里有矛盾对立的思想。不仅如此，程颐还认为，事物的理发展到极端，就要向相反的方向转化，这是经常的道理。这里有明确的矛盾相互转化的思想。不过，这些辩证法的因素，在二程的唯心主义体系里只占次要的地位，而且当二程把这一辩证法思想应用于社会领域时，虽然他们也看到了现实社会中存在的矛盾对立，但却把矛盾双方的地位加以凝固和绝对化，认为是不可改变的。因此，阴阳尊卑，男女，长辈、晚辈的顺序是天经地义的，是天理的体现，是不可变易的。这样，二程"无独必有对"的辩证思想在社会领域又被扼杀在"天理不可易"的形而上学体系中。

（6）对二程儒学的评价。二程以"理"为核心，初步建立了一个理学唯心主义哲学体系，所以，我们说二程是宋明理学的奠基人。他们在学风上对于儒家的经典，不是采用一字一句地剖析原意并考证来源的训诂方法，而是采用了"其用在己而明于知天"的方法，要求通过学者自己本身的正心、诚意、修身等功夫，以达到"明于知天"的目的，即使人们真正懂得儒家经典所说的"天理"、"天道"，以及体现"天理"、"天道"义理的封建道德伦理纲常。因此洛学与闽学结合就成为后期封建社会的统治思想。

关学——张载的道学思想

"关学"是理学的一支，在当时来说，应是"道学"的一派，而未有理学之称。"道"是张载学术的根本，从这个意义上说张载与二程在道学中具有同样的奠基者的地位。

（1）生平与著作。张载（1020～1077 年），字子厚，因为他在凤翔郿县（今陕西眉县）横渠镇讲学，当时学者称他为横渠先生。

北宋中期，民族矛盾非常严重，辽、西夏与宋经常在边界上起摩擦，威胁并干扰内地人民的正常生活和生产。张载从小就喜欢谈论兵法军事，注意西北边事，这表明他是注意实际问题的。这与他的唯物主义哲学观点有密切联系。年轻时代，张载把主要精力花在观察、思考边事上，注意研究实际问题，体现了"学贵于闻"的学风，这可谓"关学"的基本特点。这是张载思想发展的第一阶段。

张载思想发展的第二阶段，是从二十一岁开始的，从此转入对哲学的探讨。张载和二程继承王弼的义理之学，阐发《周易》作为构筑哲学逻辑结构的骨架。一方面他好读精思，一方面授徒"礼性"、"气质"之道，思想已趋成熟，哲学体系业已形成。晚年所著《正蒙》，标志着他"气一元论"哲学逻辑结构的完成。张载做官的时间很短，大部分时间讲学授徒，著书立学，而创立"关学"学派，并使之得以传播。

（2）"太虚即气"的本体论。张载的"太虚即气"是他哲学的创造，这是唯物主义，但是又不彻底。他以无形的"太虚"为"气"的本体，以有形的万物为暂时的"客体"，这就无可避免地把无形的"太虚"与有形的万物对立起来。一方面他认为"太虚即气"，把太虚规定为物质性的"气"；另一方面，他又以"太虚"为"心"，把太虚规定为意识性的"心"，"心"便成为其思想的最高范畴，与"太虚即气"的"气"

相当。这样张载儒学的逻辑结构，便出现了深刻的矛盾，成为宋明理学中的重要环节，既为唯物主义者所继承，又为唯心主义所推崇。

张载本体论的基本观点是把"气"作为宇宙的本体。他认为世界是由一种物质形态的"气"构成的。"气"有两种存在形式：一种是凝聚的状态，一种是消散的状态。聚则为万物，通过光色显现出物的形体，使人能够看得见；散则为虚空，无光无色，人不得而见。所以世界只存在"幽明之分"，不存在有无之别。为了表明"气"消散的状态，张载又引入另一个概念"太虚"。太虚是气散的状态，也是气的"本体"，即本来的、原始的存在状态。万物散入"太虚"，便恢复了它们本来的状态；"太虚"聚为万物，仍不改变"气"的本质。"气"则是"太虚"与万物的总和。宇宙中间只有虚实之分，太虚为虚，万物则是由虚空中产生出来的实体。

太虚不但处于至高无上的地位，而且还不停地运动变化着，这种变化不以人的意志为转移，看起来是神秘的、不可思议的，所以称为"神"，即指太虚产生万物的功能。只要"气"存在和变化，"神"的功能就会显现出来。"太虚"怎样在"神"的作用下变化运行，化生万物呢？他认为"气"从无形的本体状态聚为有形的万物要经过"感"的环节，即指感应对立双方在运动变化时的相互吸引与排斥。天地之间，以及一切对立物之间的相互感应，是通过阴阳二气的作用而进行的。阴阳交感，万物化生，这一运动变化的过程和规则，以及万物产生后自身的发展变化程序，就称为"道"。道是"神"的外化，二者是体用关系。此外，张载又提出一个与"天道"同等意义的范畴——"天性"。实际上就是天地阴阳运行推移、化生万物的本性和万物存在变化的规则、特征，二者实质一样。张载还提出"理"的范畴。他认为"气"虽有聚散等的变化，但总是遵循一定的规律而不会任意胡为，这个规律就是"理"。气聚而成万物，"万物都有理"。这里的"理"是物之理。"道"是气之"道"，它与"理"处于同等地位。

总之，张载的本体论从"气"到太虚、万物、阴阳二气，从"神"到"天道"、"天性"及"天理"，展现出一个完整的、有机的宇宙整体。他的宇宙观具有唯物主义性质，但很不彻底。"神"以及渊源于神的"天理、天道、天性"诸范畴，就带有唯心主义色彩，并为唯心主义提供了一个突破口，张载的理学思想就是从这里建立的。

（3）"一物两体"的辩证法。在张载的逻辑结构中，从"气"到"物"的过程，就是一个不停息地"聚散"、"神化"的过程，这里充满了辩证思想。他认识到宇宙事物均有矛盾对立的两方面，有阴阳、顺逆、虚实、受施、益损等等。如果对立面不存在，统一体也就不存在了。相反也是这样的。张载认为，"动静"变化的原因不在外力的推动，而在于事物内部的矛盾。为什么"动非自外"呢？他提出了"一物两体"的思想。所谓"一"指事物的统一性，这便是

"气"或"太极"。"有两则存一，是太极也"，即对立面的统一是"太极"。所谓"两"就是统一物包含着对立的两部分。这对立的"两体"，所以能运动不定，即所谓"两在故不测"，这就叫做"一故神"。因其对立的"两体"是统一的，所以能变化无穷，这就叫做"两故化"。对立"两体"而成统一物，这就叫做"参"。"一"与"两"的关系是相互依存、不可分离的，是矛盾的对立和统一，"一物"与"两体"是不可分割的。张载的"一物两体"辩证地解决了"一"与"两"的关系，统一中有对立，对立中有统一，把古代辩证思维提高到新的水平。

但是，他的辩证思想又是不彻底的。他认为事物对立面的斗争最终趋于调和，而不是一方战胜另一方。

（4）"德性所知，不谋于闻见"。张载一方面承认物质世界的实在性，承认认识来源于客体，而提出"闻见之知"；另一方面依见闻而直接体认"太虚"世界，而称之为"德性之知"。这样便由逻辑结构上的两重性而导致认识结构的两重性。

张载认为，认识的获得是主体与客体的相合，即所谓"内外之合"。"闻见之知"便是感性认识，是感官与物相交接而得的认识。其基本思想就是耳、目、鼻、舌、身等感官对于外物的接受或反映。目接受"天之明"，耳接受"天之声"，心接受"天之不御"（即无限）。这些"天之明"、"天之声"、"天之不御"便是物，是客体。耳、目、心是主体。这种内外发明，便是认识的来源。这不仅明确了"内"与"外"、主体与客体之间相互作用的关系，而且也探讨了"人心"的来源问题，因此很有价值。

人们耳目感官直接与外物相接触所得的认识，总是受主体认识能力的限制。若把认识仅限于闻见，则所得到的认识只是闻见之知。但人的认识有限，客观物质世界却是无限的，为了解决这个矛盾，他就提出了"德性之知"。这是一种超感性的先验的认识，不仅不以感性知识为基础，而且非思虑所能及。这样，"德性之知"便是一种不可捉摸的神秘的知识，以弥补耳目见闻的有限与自然万物之无限之间的矛盾。另一方面他又提出"尽心"，以直觉的方式达到"知性知天"。这样的发展过程是循着"尽心—尽性—知天—无一物非我"的内向路线演进的。怎样做呢？这就要"穷理"，即认识事物的规律。他称之为"渐"。它的过程是先"穷理"后"尽性"以至于"命"。这样就使得张载的哲学归宿不可避免地从认识论上的两重性，最后导向唯心主义的先验论。

（5）人性论与伦理思想。张载的人性论由"太虚即气"的本体论而来，他认为人性也由"太虚之气"形成，因此人性也有"天地之性"与"气质之性"的区别。所谓"天地之性"即人在出生之前是由"太虚之气"所决定的，其性无不善，也就是孟子所说的先天赋予的性善。"气质之性"是指人生下来之后由于禀赋有所不同，有刚有柔，有缓有速，有清有浊，因此才有善恶的不同；只有善于恢复人本性之善，才能使"天地之性"得以保存。但是他认为"气质之性"是可以改变的，通过学习的途径就能改变恶的气质，这就给人指出了改恶从善的道路。任何恶人只要学习三纲五常，就能改变气质，恢复"天地之性"而成为圣人君子。

张载还从人与物都具有"天地之性"出发，提出"一切人都是我们的父母，一切物都是我们同伴"的仁民而爱物的思想，要求贤人君子做到泛爱。这种思想对于缓和宋王朝尖锐的社会矛盾有一定进步的意义。但在当时的历史条件下，它必然起着巩固封建统治的作用，对民众来说，则是一种麻醉剂，使他们安于本分，而放弃对统治者的反抗。

（6）对张载道学思想的评价。在宋明理学的发展过程中，张载算是从理论思维上认真地批判了佛、道哲学理论的道学家，他的道学思想在理学发展链条中，是一个重要的环节。他的"气"的思想及"心统性情"等伦理思想均被朱熹等所吸收，而构成其客观唯心主义的逻辑结构。"太虚者，心之实"的思想，又是陆九渊"心学"思想的来源。同时，其"太虚即气"思想又为清代杰出唯物主义者王夫之所继承。张载的地位与以周、程、朱为代表的濂、洛、闽学相并称，成为宋元时代唯物主义气一元论哲学的开创者。

 6　理学集大成者朱熹

（1）生平与著作。朱熹（1130～1200年），字元晦，又字仲晦，晚年自号晦庵，南宋时期徽州婺源

（今江西婺源）人。他曾拜二程三传弟子李侗为师，通过李侗，他全面把握了二程的理学。他为官的时间不长，这期间还重视著书与讲学，曾重修白鹿洞书院与岳麓书院。在学术上的重要论争有发生在淳熙二年（1175年）的"鹅湖之会"。此时朱熹与吕祖谦合编《近思录》，吕祖谦出面欲调和朱熹与陆九渊双方学术上的矛盾，两派门人也有人参加，同在信州（今江西上饶）鹅湖相聚，会上双方互不相让，结果不欢而散。晚年他被反对派攻击为"伪学"，并被剥夺官职，但朱熹毫不畏惧，仍然坚持讲学。

朱熹的著作很多，主要的有《四书章句集注》、《周易本义》、《诗集传》、《仪礼经传通解》、《太极图说解》、《通书解》、《西铭解义》；还有他的学生将他讲学的问答编成《朱子语类》。其他的文章、奏折经后人编成《朱子大全集》，包括《文集》一百卷，《诗集》五卷，《别集》七卷。另有《朱子遗书》。

（2）"理"、"气"对举的本体论。朱熹的本体论继承了程颐和张载的本体论并加以改造。认为"理"是宇宙万事万物的本原。这就是说，理在天地之先就有了。有了"理"才生出天地，要是没有理就没有天地，也没有人物，而"理"又是永恒存在的。他认为"理"只有一个，它相当于周敦颐的"太极"，并认为天地之中有"太极"，万物之中也有"太极"，或者说天地万物各具一"太极"。这就是说，天地万物都有"太极"，也即只有一个"理"。"太极"动而生阳，静而生阴，而且生出金、木、水、火、土五行，宇宙就是这样不断运动着。朱熹认为"理"相当于"道"，是形而上的，无形的。"气"也是"理"产生出来的；"气"再生万物。朱熹在前人"道"与"器"的对举基础上，提出了"理"与"气"对举的观点。关于"理"与"气"的关系，"理"在"气"中，"气"体现了"理"。"理"与"气"两者是相辅相成的，分不开的，故天下之物莫不有"理"。

朱熹还认为人性也是由"理"而来的，还认为"心"也是"理"的体现。因为"道"即"理"，"理"的流行从空间上讲，无论天上地下，无论东西南北中都存在；从时间上讲，从古到今，也没有丝毫间断，而"理"体现于人的正常生活中最初还是在于"心"。

朱熹对程颐所说的"理一分殊"进行了进一步的论述。他说"太极只是天地万物之理，在天地来说，则天地中有太极；在万物来说，则万物中各有自己的太极"。即总的说来，天地万物之"理"，就是"太极"，它本身只有一个，但它又体现在天地之中，因此万物之中也有它。朱熹借用佛教的"一月映万川"的比喻，形象地说明这个问题。他说"理"或者"太极"，就如天上的月亮一样，只有一个，但体现在万事万物之中，就像月亮映在无数江河湖泊里一样，到处都能看得见。朱熹还用"理一分殊"来论证封建社会等级制度，认为"三纲五常"也是永恒的，社会上各人都安其本分，这也就各自体现了"理"。

朱熹还从道统的高度，在二程的基础上，进一步论证天理与人欲的问题。对于儒家的道统，朱熹解释为要真正掌握恰到好处的道理，也就是要达到无过无不及。但是朱熹认为这并不是二者取其中，而是当厚则厚，即厚上取中；当薄则薄，即薄上是中，这就是说，此处的中并不是折中的调和，而是恰到好处。应该厚的地方就要让它厚，应该薄的地方就要让它薄。这里的厚、薄就是中。这就是使"道心"与"人心"这两个界限分明，而专心一意守住"道心"，使之不受干扰。关于"道心"与"人心"，朱熹不同意程颐把"人心"释为"人欲"，他认为"人心"是指"气质之性"，它是可以为善，又可以为不善的。为善者就使其性"不受蒙蔽"，使之成为圣贤了；为不善者就使"天地之性"受到蒙蔽而使之成为坏人。而"道"是从"义理上发出来的"，"人心"则是"从人身上出来的"。"道心"是专指理而言，也可以说是"天地之性"。因此他说"道心"是微妙而很难显著的。他还用船与舵的关系来比喻"人心"与"道心"的关系。"道心"就像舵能掌握航行的方向一样，控制着"人心"各种欲望的程度。这样就可以革除掉人欲，恢复天理，从而维护封建伦理道德。

（3）"格物致知"与"持敬"说的认识论。朱熹的认识论是通过"格物致知"和"持敬"说的自我修养来论述的。

他的"格物致知"论，集中地表现在他的《大学章句·格物致知补传》中。他指出，认识的第一阶段就是"格物穷理"或"格物明理"。"格"就是"尽"

或"至"的意思，就是要穷尽事物之"理"。如果只穷得二三分，还不叫做"格物"，必须穷尽十分才叫"格物"。"物"就是"事"，不仅包括一切自然现象和社会现象，也包括了一切心理现象和道德规范。认识的第二阶段，就是"致知"，就是推致先天固有的知识，如果只知其一，不知其二，只知其大，不知其细，只知其高远而不知其深远，都是没有达到无所不知的境界。"致知"和"格物"是互相联系的。如何达到"致知"？他提出类推的方法，就是穷尽一事物中先天的"理"，经过类推，达到"脱然有悟处"（豁然贯通的境界）。认识到了这一阶段，就达到了理想的境界。

朱熹把认识与修养结合在一起。他认为，"格物致知"是个人自我修养的根本，而治国是末，是最终目的。而要治理国家，就必须从自身的修养做起，如果自身"不正"，是没法治理国家的。因此他提出"持敬"说。朱熹特别强调一个"敬"字。所谓"敬"，按程颐的解释是"主一"。什么是"一"呢？也就是专心致志，绝不三心二意，通过自我修养的途径而达到认识天理的目的。

（4）以"理"、"气"区别"性"、"生"的人性论。朱熹继承了二程"性即理"的人性论，认为人性是先天赋予的，从这个角度看，人性是没有不善的，但实际上人有善与不善的区别。朱熹认为，其原因在于各人所禀受的"气质"有清浊的不同，禀受其清者性善，禀受其浊者不善。朱熹还区别了"性"与"生"的不同。他认为，"性"是由"理"决定的，而

"生"是由"气"决定的；"性"是形而上的，而"生"是形而下的。就"气"来说，人与动物都有知觉和运动，并没有什么不同；但是就"理"来说，人先天就禀受了仁义礼智的道德观念，而动物就没有，人与动物的区别正在于此。

（5）形而上学的发展观。朱熹的哲学思想具有辩证法的因素，他看到了某些矛盾运动的现象，比如人的呼吸运动如果只往外呼气而不吸气，就会气绝；如果只吸气，而不往外呼气，也必然会阻塞。这就是矛盾双方的相互依存。朱熹也认识到事物在逐渐变化，从而提出了阴阳互相消长的渐变说。他认为，任何形气的变化都不是突然发生的。不是突然的前进，也不是突然的亏损。比如，平时常常见面的人，并不感觉他长得很快，也不感觉到亏损很多。这大概是阴阳的转化是逐渐进行的，就好像从小孩逐渐变成老人一样。朱熹还把事物的发展分为"元亨利贞"四个阶段。他以谷的生长为例说，萌芽是元阶段，苗是亨的阶段，穗是利的阶段，结谷是贞的阶段。然后谷子又能再萌芽，以至于循环无穷。他把发展归结为无限的循环，从而堕入循环论。

朱熹还有"一生两"即"一分为二"的思想，他发展了二程"无独必有对"的思想。他看到了矛盾的对立，但是却认为矛盾的对立面并不能转化，进而提出了"定位不易"（确定之后就不能变易）的形而上学说。他认为，"三纲五常"是永恒不能变的。这样，君永远是君，臣永远是臣，封建社会的秩序就稳定了，从而起到维护统治者利益的作用。

（6）朱熹在宋明理学的地位和影响。朱熹是"道学"的集大成者。宋明理学发展到朱熹，已趋成熟阶段，此后便走向衰落和瓦解。自宋以后的元、明、清三个王朝，朱熹的理学均成为各个封建王朝的御用儒学思想，他所作的《四书集注》成为各朝开科取士的金科玉律。朱熹的哲学思想还远远传到了朝鲜、日本等国，一度成为这些国家的统治思想，成为东方文化的一个重要组成部分，其影响是深远的。

作为一位博学者，他在训诂、考证、注释古书、整理文献资料方面，为中国文化的发展作出了很大贡献。他博览经史、治学谨严的学风，对后来的一些学者也有较大影响。王夫之、颜元、李塨、戴震等，继承和发展了他的"理"与"气"、"道"与"器"、"致知"与"格物"、"天理"与"人欲"等的有关思想，开辟了清代的儒学风气。

总之，朱熹的理学作为时代产物，继承了唯心主义的思想传统，总结了以往唯心主义在与唯物主义作斗争时的经验教训，把我国的唯心主义哲学推向了一个新的高度。尽管在他之后，唯心主义理学家辈出，但无论从思想的深度和广度来看，很少有人超过朱熹。

功利学派代表陈亮、叶适

（1）生平与著作。作为唯物主义哲学家，陈亮与叶适的共同特点是提倡功利，反对理学家空谈心性。

陈亮（1143～1194年），字同甫，是永康学派的创始人，人称龙川先生。著有《龙川文集》。纵观陈亮思想的发展轨迹，大体分为三个时期：由军事而政治，由政治再进而到哲学，日趋成熟。由于理学在南宋高宗统治期间得到迅速发展，此时也是理学集大成者朱熹生活的时代，可以说理学正进入巅峰时期。因此，陈亮对理学的批判，代表了唯物主义对唯心主义哲学的批驳与对立。

叶适（1150～1223年），字正则，人称水心先生，晚年定居浙江永嘉（今温州）城外水心村著书讲学。著作有《水心文集》和《水心别集》。叶适一生经历南宋高宗、孝宗、光宗、宁宗四个时期，其政治和学术活动则主要在孝宗至宁宗三朝。他的一生大致可分为三个时期：求学时期、中年政治生涯时期、晚年学术研究时期。与陈亮相似的经历，使他们组成唯物主义的功利学派。他们同以朱熹为代表的理学、以陆九渊为代表的心学构成了三足鼎立之势。

（2）唯物主义的本体论和认识论。朱熹是以"理"为宇宙的本体，而陆九渊则以"心"为宇宙的本体。他们之间不过是客观唯心主义与主观唯心主义的分歧罢了。陈亮、叶适的本体论与他们根本不同，是唯物主义的。他们认为，宇宙的本体是客观存在的物质，而不是抽象的精神。"道"存在于万事万物之中，它与万事万物同一生长而不能够分离，并进而认为，道是客观事物运动的规律，是不以人的意志为转移的。但只有人才能够认识这个规律，所以离开了人就无所谓"道"。叶适的唯物论比陈亮更为深刻，他认为，物质是宇宙的本体，象八卦的八种物质都是气化运动的产物。即产生由"气"，而最终又化为"气"。因为气本身是无所谓开始的，所以圣人也不知道它的由来。叶适则批判了周敦颐、朱熹等关于宇宙本体是"太极"的谬论，认为"太极"并非是物质，而是事物标准、典范，也就是"理"。他还批判了老子的道"先天地生"的错误观点，认为没有在天地之先称为道的。

陈亮、叶适从唯物主义本体论出发，其认识论也是唯物主义的。陈亮主张人认识应该着眼于自然与社会客观事物的研究，明白其规律，而不能脱离实际去空谈心性。由于客观实际是不断发展变化的，因此必须天天学习，要活到老学到老。叶适则对感性认识与理性认识两个阶段有明确的论述，即内部感觉器官与外界接触，从外到内形成感性认识，再由思维器官对感性认识加以整理提高，从内向外形成理性认识。可见认识的过程是以感性认识为基础，进一步才形成理性认识的。因此，他批评理学家专以心性为主，片面强调理性认识，不注重多闻多见。他认为这样就会脱离实际，崇尚空谈，是毫无用处的。叶适还认为，任何理论或言谈是否正确，必须要经过实际的检验，然后才能作出判断。

（3）功利之学。陈亮、叶适从唯物主义的认识论出发，都注重功利而反对空谈仁义道德。陈亮的功利主义思想是从"人欲"，即人的本性的要求而推演出来的。他认为人对声、色、嗅、味、安逸的欲望，是由人的本性所决定的。而每个人所能满足这些欲望的程度，则是由"命"来决定的。这里，他承认"人欲"是合理的；同样利欲也是本于人心的。他把天理与人欲统一起来，在此基础上建立了他的功利之学。陈亮认为要是禹没有功劳，怎么能成就金、木、水、火、土、谷"六府"呢？《易·乾卦》要是没有利，怎么能具有元、亨、利、贞"四德"呢？因此他在义利的关系上主张"义利双行"，认为不存在脱离仁义的道德。在王霸关系上主张"王霸并用"，因为霸道根本上是从王道而来的。他理想的政治局面是官职都由贤能的人担任。

叶适的功利之学则是倡导"务实而不务虚"。如果没有功利，那么道义就只是没用的空话而已。他还批判儒者所谓先天后天之学是空谈义理，认为义理与功利是统一的，反对将两者对立起来。

陈亮、叶适在南宋王朝政治腐败，社会风气崇尚空谈性理的情况下，大力提倡功利之学，应该说是积极的、进步的。这种务实的思想对明清的进步思想家有直接的影响。

（4）对陈亮、叶适的评价。陈亮的突出之点是他在反理学中所作出的贡献。南宋期间，理学的地位几经崇黜。随着理学的崇黜，在一部分士大夫和封建官僚中间，曾出现过反理学的思潮。陈亮作为一个政论家，通过王霸之辩，开展了对理学在理论上和哲学上的批判，他用自己的功利主义思想与理学相对抗，这与那些反理学的当权者企图借助于政治权势排斥理学，有着本质的不同。他作为理学批判者的先驱，对后世产生了深刻的影响。

功利学派的另一位代表人物叶适，是中国儒学史上最早从理论、学术源流上批判理学的思想家。他与陈亮倡导的"功利论"，深深影响到明清之际的反理学思潮。在学术上陈、叶的事功之学与朱、陆鼎足而立，其地位在中国学术史、哲学史上是很高的。

 ## 8 心学的开创者陆九渊

（1）生平与著作。陆九渊是宋明理学中心学一派的开创者。他对明代王阳明的心学有直接的影响。

陆九渊（1139～1192年），字子静。江西抚州金溪（今江西临川县）人，因曾在贵溪讲学，故号象山居士，人称象山先生。他生于没落官宦人家，中进士后当过隆兴府清安县和建宁府崇安县主簿，在官场上没有突出的政绩。他的一生主要在学术上有相当的贡献，但是，他没有系统的著作，其诗文、论学书信与讲学的记录由后人编为《象山全集》。

（2）"心即理"的本体论。陆九渊所说的"心"并不是指人的血肉之心，而是指形而上的"道"或"理"。"心"与"理"是万世不变的一个准则，"理"是当时朱熹等道学家关于宇宙本体的最高哲学范畴。陆九渊的"理"所包含的内涵，即所谓"正理"、"实理"、"公理"、"常理"，则是先天固有的仁、义、礼、智等封建伦理纲常和万物的规律。陆九渊强调本体与主体的合而为一，本体服从主体，把本体（"理"）安置在主体（"心"）之中，从而提出与朱熹"性即理"相对的"心即理"的哲学命题。

陆九渊的"心"主要包含以下内容。第一，"心"是认识器官，又是知觉能力。第二，"心"是意志本体，是一切伦理道德规范的最终根源。他把"心"的"去"与"存"，作为衡量"庶民"与"君子"的标准，因此便带有封建社会等级的差别，也具有伦理道德的特性，他之所谓"四端者，即此心也"，就是指恻隐、羞恶、是非、辞让的四端，这是一种先天的道德原则。第三，"心"是一种意志能力和主体精神。他认为"心"只有一个，"心"在不同的时间、空间、人身都是相同的。这个超时间、超空间的"心"既"无声无臭"，也"无形无体"。它是一个凌驾于自然与社会之上，而又不脱离"吾心"的主体精神。

陆九渊本体论是以"心即理"为特征的。他认为"心"即是宇宙的最高的本体，"心"与"理"是一个，是不容分开的。世间万事万物都生于心中，充满心中而往外发散，便充塞于宇宙之中；而充塞于宇宙之间的，没有不是"理"的。因此他说，"宇宙就是我心，我心就是宇宙"（《象山全集》卷二十二《杂说》），道（即理）没有不包含于心之中的。

陆九渊的心学思想自认为是直接继承孟子，他不承认程颐、朱熹是孟子的直接继承者，只有他的心学才真正是继承了孟子思想的正统。孟子的哲学思想是

147

主观唯心主义的，而程朱的哲学则是客观唯心主义，陆九渊的说法有一定道理。

（3）"先立乎其大者"的认识论。陆九渊的认识论、修养论与方法论是结合在一起的，他的认识论特点是从事物总体上来把握，因而多次声明"先立乎其大者"。所谓"大者"乃是指"心"，即首先要"立心"，只要把心立起来了，就能从总体上来认识事物，只有从总体上来认识，则各个局部自然明了了。相反，如果从局部着眼，必然会产生很大的误差。

陆九渊所以要"立心"，是因为一切知识和真理都在我的"心"中，是"心"所固有的。陆九渊以"心"为本体，因此就不需通过"格物"的途径去体认"心"。而只需反省内求，就可以自己体认"吾心"。这即是他的切己自反的认识论。只要闭目塞听，终日静坐，冥思苦想，收拢此心，五官不去接触外物，便能达到"此心，澄莹中立"（心清净像玉不偏不倚）的理想境界，从而获得对万物之理的认识。但是，心往往被物欲所牵引，物欲很多，则本心所存就必然少；物欲很少，则本心所存就必然多。因此，他主张去欲存心。这样陆九渊由"即是吾心"的本体哲学进入了"存心去欲"的道德哲学。如何存心去欲，不为外物所移，而使"本心"不沾染"尘埃"呢？其方法就是前述的"切己自反"、"改过迁善"，也即"剥落"的功夫。"剥落"净尽，才能恢复"本心"的清明。"剥落"的方法，是通过亲人、师友的帮助、切磋、剖析，使其改邪归正，去掉虚假而达到真实。

同时，陆九渊也主张"学"，主张读书。他认为学问的目的是在"为人"、"做人"，即要"明理"、"立心"。在他看来，不仅做一般人，还要做没有什么不知道，没有什么不能做的人，通过"学"就能知"本"。"心"就是宇宙的本体，宇宙的一切都在心中。因此他提出，既然六经都是我"心"的注脚，我心何必注六经？故要读书，但不必多读。他反对当时学者注疏经传，认为是随意增加经典的内容，而主张减少烦琐的注疏，使之恢复本来面目。

陆九渊的方法论，他自己概括为"简易功夫"，即如何以简易的途径，使人心不受物欲的蒙蔽。"简易功夫"即是内求，有神秘性。

（4）鹅湖之会与朱陆之争。由于朱熹与陆九渊在本体论与认识论上存在着分歧，宋孝宗淳熙二年（1175年），朱熹与吕祖谦合作编写《近思录》，吕祖谦出面想调和朱陆之间的矛盾，于是邀请朱熹与陆九渊于信州鹅湖寺聚会，会上双方争论激烈，互不相让，结果不欢而散。鹅湖之会争论的主要内容是关于方法论的问题，据与会的朱享道说，朱熹主张"泛观博览，而后归之约"（即"格物"、"读书"，然后达到对理的体认）。陆九渊则主张，"发明人之本心，而后复使之博览"（即先有人的"心知"体验，再"格物"读书）。陆认为朱的方法论是"支离"、"烦琐"，而自己是"简易功夫"。

这次辩论没有涉及更多的哲学本体论问题，也没有达到消除二人分歧的目的，只是明确了双方存在的分歧。实际上二人争论的是"尊德性"与"道问学"的问题。鹅湖之会，又成为后来"无极"与"太极"之辩的开端。

鹅湖之会以后，淳熙十五年（1188 年），朱陆又通过书信，着重在本体论上进行争论，即辩论"无极"与"太极"的问题。陆氏兄弟和朱熹就周敦颐的《太极图说》而展开关于"无极"、"太极"之争。在朱熹看来，不能以"太极"别为一物，"太极"是为"有理"，"无极"即为"无形"。"无形而后太极"即为"无形而有理"，两者实为一物。陆九渊认为"太极"之上不能加"无极"，朱熹以"无极"表示"理"，是"万化的根本"，具有绝对至上的地位。如不讲"太极"，则"无极"会沦于"空寂"，而与佛、老无别。无极而太极，就是无形而实有理。

朱、陆之争还表现在心性说的问题上，朱熹对心性才情有严格的区分，而陆九渊却认为"情性心才"都是一样的。

由上述争论可见，朱熹哲学和陆九渊的哲学相比，各有特点。一为客观唯心主义，一为主观唯心主义。但是，他们在维护三纲五常的封建统治秩序上则是共同的。

（5）陆九渊思想的地位和影响。在程朱"道学"盛行之时，陆九渊建立了与其抗衡的"心学"哲学体系，提出"心即理"而不同于朱熹的"性即理"说。在与朱熹的辩论中，他反对朱熹"理"是"超出方外"，"不落方体"，即脱离万物的形而上的本体，而主张"理气"、"道器"无形上形下之别，无非体一而名二。他企图从事物的合一、同一方面去探索和认识世界，但却把客观世界规律（理）纳入"吾心"之中，以"吾心"去统一真理，又使自己陷入主观唯心主义。

"心学"所强调的主观能动作用和注重思考的精神，不啻在以程朱"道学"为官方哲学，犹如一潭死水的思想界投了一块石子。后世的李贽以及近代谭嗣同都打着陆王"心学"的旗号，批判封建专制，反对崇拜旧权威、旧教条。另一方面，心学强调"存心"、"去欲"、"简易功夫"，通过内省即"切己自反"，达到最高思想境界。这样就被封建统治阶级用来作为维护封建统治，变成反动阶级寻找精神寄托的"顿悟功夫"，成为颓废、腐朽、没落阶级的精神武器。

心学集大成者——王守仁

（1）生平与著作。在程朱"道学"已成为正宗的明代，先前曾与程朱"道学"相抗衡的象山之学，在长期"泯然无闻"之后，却被王守仁所继承和发展，他一洗陆九渊"无实之诬"，改变"是朱非陆"的论定，恢复其"圣贤之学"的地位。由于王守仁的这种历史作用，故后人把他和陆九渊的哲学思想并称为陆王"心学"。

王守仁（1472～1529年），字伯安，浙江余姚人。因曾筑室会稽阳明洞，世人称阳明先生。

王守仁从小就抱有"读书学圣贤"的志向。曾师从名儒娄谅，听讲格物之学，后随父去京师，遍求朱熹遗书阅读，并按格物致知论，去格竹子，结果大病一场。至此，自委圣贤有分，乃随世就"词章之学"。这一时期，他的主观唯心主义世界观开始形成，因为反对宦官刘瑾，被降职为贵州龙场驿丞。后又任庐陵知县。刘瑾被杀后接连被提升。为官期间，他曾在江西一带建立"团练民兵"，实行保甲联防制度，镇压以陈日能等为首的农民起义。又平定了宁王朱宸濠的叛乱，并镇压了广西思恩等少数民族起义。同时他阐发"致良知"、"破心中贼"等心学思想，并开业授徒，宣讲其学说。嘉靖七年（1592 年）在归途中病逝，时年 57 岁。穆宗隆庆元年（1567 年），诏赠新建侯，谥文成，故后人又称之为王文成公。

王守仁的著作有《王文成公全书》流传于世。全书共 38 卷。卷 1～3 为《传习录》，一部分是他的语录，一部分是他的信札，较集中地反映了王守仁的心学思想。

（2）心学思想。王守仁的思想大体经历了"三变"：最初泛滥于词章，继之尊朱熹说循序格物，后又出入于佛老之学，最终崇奉心学，"三变"而始入门。入门以后，又经"三变"而达到成熟：自居贵州龙场驿，大悟"格物致知"之旨，而提出"知行合一"之说；到南昌倡导"致良知"之教；再到绍兴从事讲学授徒，其学说日臻成熟。明代中期，程朱理学仍然是官方哲学，王守仁在青年时代曾信奉朱熹的哲学。但是，由于他遭受贬谪，有机会接触下层社会，对程朱理学的弊病有深刻的认识。当时朱熹等理学家注释的《四书》、《五经》，成了科举考试的标准答案。一般读书人都得背诵，以此获得高官厚禄。至于理学家们身体力行的道德修养，由于其方法的烦琐和陈腐，逐渐被人们抛到脑后去了。从而形成了空谈性理而道德沦丧和腐败的学风，并由此而影响到社会风气的颓废与败坏，致使明王朝的统治面临严重的危机。这才使王守仁抛弃程朱理学而向陆九渊的心学靠拢，并大大地发展了陆的心学。据王守仁自己在《传习录》中说，这一转变是他一连格了七天的竹子，大病一场后开始的。他认识到天下根本没有可格之物，而要从内心去寻求解决现实社会的种种矛盾的办法。他认为，只要通过内心的道德修养和教育的手段，就能体认"天理"，达到"致良知"与"知行合一"的目的。即实现理学"存天理，灭人欲"的要求，使社会上尖锐的矛盾得到缓和，从而解除明王朝统治的危机，这就是王守仁心学思想体系的实质。

（3）彻底的"心即理"的本体论。王守仁继承了陆九渊"心即理"的本体论。他说的"心"与陆九渊所说的一样，认为并非血肉之心，是指人的感性认识和更高的支配人视听言动的指挥部。他认为"心"还是天地万物的主宰，心包含了天地万物，"心"也就是"天"。在王守仁看来，"心"即是"良知"，没有任何事物超出于"良知"以外。可见"良知"即是"心"之"本体"，也就是"天理"。

首先，在王守仁看来，"心"是完满自足的，包含万理，不须从外面添加一分。如果外"心"求"理"，实际上把"心"看作是不完满、有欠缺的东西了。其次，万事万物之理，不是客观的事物自身固有的，而是"良知"即"心"安置上去的。再次，"心"与"理"是不可分离的，"理"是"心"之"理"，在"心"之中；而"心"则包含"万理"，与"理"不离。无"心"之"理"，与无"理"之"心"，都是不可思议的。在这里，"心"与"理"无分内外，浑然一体。由于朱熹"外心以求理"，因此，王守仁才强调"心外无理"。

王守仁是怎样来论述"心"产生"事"、"物"的呢？他认为"心"发动就形成意识，而意识的本体即是知，意识所在之处就是物。如何理解"意之所在便是物"呢？他举例说，意识运用在侍奉父亲，则侍奉父亲就是一桩事物；意识运用在对人仁而爱物，则对人仁而爱物就是一桩事物；意识运用在视听言动，则视听言动就是一桩事物。这里王守仁所说的"事"或"物"是指的道德修养，即人的行为准则。

王守仁认为，"心"与"性"、"命"是同一的，即都是道的体现。从"心"上体认即是"道"；而"经"就是"常道"。"道"体现在天就称为"命"，"道"体现在人就称为"性"，"道"体现在身体里就是"心"。人的性，体现在眼睛，就能看见物，体现在耳朵，就能听见声音，体现在嘴就能说话，体现在四肢就会运动。

从"心即理"的本体论出发，王守仁还认为，"心外无物，心外无事，心外无理，心外无善"，"心外无学"。由此可见，王守仁的"心即理"比陆九渊更为彻底，更强调心的地位和作用，一点也不需要外求，要从自己内心去体验认识。陆九渊有时还把"理"看得比"心"更重要，强调"明理"；而要"明理"，还得外求。但王守仁则认为，只要"心"不被私欲蒙蔽，就是天理，根本不需要向外面增加什么。以这样纯粹是"天理"的"心"，发出来用于侍奉父亲就是"孝"；用于侍奉君王便是"忠"；用于交朋友，进一步治理民众就是"信与仁"。这只需要在"心"上"去人欲，存天理"方面用功夫就是了。这样的理解比程朱的客观唯心主义途径要简便得多，因而便于施行。这样就使更多的人容易接受"心学"，从而达到维护封建统治的目的。

（4）"致良知"的认识论和道德修养说。王守仁"致良知"的认识论，来源于《孟子》的"良知"与《大学》的"致知"。他把这两者加以改造就成了"致良知"的学说。"致良知"标志其心学哲学逻辑结构的完成。

所谓"良知"，孟子指的是一种不经后天学习的先验是非标准和道德规范。王守仁则将"良知"作为融本体论、认识论、人性论和道德论为一的范畴。他认为"良知"为"心"之本体，它处在虚灵明觉和恒照的状态。因此，作为脱离了具体"身心"特征的"良知"（"心"），便是脱离具体"器"的"道"。另外，"良知"能生天生地，这即是他的万物生成论。这较之

"意之所在便是物"更具有思辨性。这既为明代理学家所乐道，亦是中国"心学"的特点。由此，天地万物皆依赖"良知"而存在，离了人的"良知"，天地万物都是不存在的。"良知"既造化一切，又无所不在。它在发用流行造化过程中，无形象，无方所，"良知"为"动静"一源。王守仁所说的"动静"，不仅指日月风雷等自然界事物，而且也指人的心理活动。"动静"说含有合理的辩证法因素，但他不仅将运动变化的根源归结为主观"吾心良知"，而且把运动看成是"吾心良知"所主宰。天地事物千变万化，一息不停，但有一个主宰常定，它犹如"天君"，发号施令，这样又把"运动"和"良知"（"心"）分开来了。可见王守仁的"动静"观，既是唯心的，又是形而上学的。"良知"还作为封建道德伦理，既是认识"是非邪正"的道德标准，又是伦理标准。他把事（侍奉）亲兄弟的"孝悌"的"良知"，推至于"事君"、"处友"、"仁民"、"爱物"及一举一动道德伦理的践履之中，使封建道德成为普遍的、无所不适的东西，于是"良知"既具有普遍性，亦具有至上性。此外，"良知"亦为至善的"天命之性"，它无善无恶，是为至善。"天命之性"是"至善"，是"明德"的本体，就是"良知"。王守仁认为人性在于"吾心"，因此将"天理"、"天命之性"统统纳入"吾心良知"之中。"良知"也是辨别是非之心，不仅人人具有，而且是不待学和虑（思考）的先验"知能"。在这里，"良知"既是道德价值，又是分辨是非的标准。

　　因为"良知"为不学自能、不虑自知的先验知识和道德观念，所以他提出"致良知"，即体认"吾心"中的"良知"。"致良知"的功夫不分圣愚，不过有自觉和不自觉的区别而已。

　　（5）"知行合一"的知行观。"知行"问题是中国哲学史上的一个古老问题，也是宋明时期讨论的重要课题之一。"知行合一"的提法，为王守仁所首创，因此他的知行观在儒学史上产生较大的影响。他不赞成朱熹的知先行后说，认为"知"与"行"只是"一个工（功）夫"，两者是合二而一的。朱熹认为知行的关系密切，两者须相互配合，比如眼睛与足的关系。眼睛要是没有足来配合，自己是移动不了位置的；足要是没有眼睛来配合，自己是看不见如何走路的。不仅如此，知行两者还互相促进。只有知得越明白，则行为才越笃实；行为越笃实，则知得才越明白。但是知行有先后、有轻重。就先后说知在先，行在后；就轻重来说则行为重，知为轻。王守仁的"知行合一"以"心即理"，即心理合一为理论基础，他认为把知行分为两件事，就会产生不良的后果。当人有某种意念萌发时，这种意念虽然是不好的，但因为并没有付诸行动，就不去禁止，所以他要提倡"知行合一"。王守仁的"知行合一"说混淆了"知"与"行"的差别，仍然是唯心主义的。但是比朱熹的"知先行后"说，更重视了"行"在认识中的作用。这对当时社会重知轻行，空谈知识而不去实践的坏学风，无疑是一种批判。因此，王守仁的"知行合一"的知行观在当时出现是有积极意义的。它也促进了知行观的发展，可以说是由朱熹的"知先行后"到王夫之"行先知后"的过渡阶段。

王守仁的"心即理"、"致良知"、"知行合一"三说是有其内在联系的。其中的"心即理"是三说的理论基础。而"良知"，即"天理"，它就是本心，是不须向外求的。但是"良知"可能受私欲的蒙蔽，因此，通过自我修养的途径"去人欲，存天理"，以达到"致良知"的目的。而"知行合一"的"知"就是"致吾心之良知"，"行"就是"致良知于事物"。"知行合一"就是"求理于吾心"，把心与理合一，其实也就是"致良知"。由此可见三者是不可分割的。

（6）历史地位和影响。由于程朱"道学"成为儒家正统而被朝廷所承认，并严格排斥道学以外的学说，不仅助长了文化专制主义，而且程朱道学也完全成为士子们猎取功名利禄的工具，日趋僵化。在这种情况下，王学产生。王守仁之学主要是为了挽救明王朝的社会危机，以及由于朱学的僵化而造成的社会政治、思想的弊端，也是为"破心中贼"服务的。

王守仁"心学"的出现，贡献之一是对人的价值的日益自觉的反映。从汉至宋，在董仲舒和朱熹的哲学逻辑结构中，其最高范畴是"天命"、"天理"、"理"，个人是完全消极被动的，人被取消了独立存在的价值。王守仁把"吾心良知"作为最高范畴，取"天理"、"天"而代之，无疑突破了"天理"的一统局面。作为普遍的人性，"吾心良知"则是"圣人"

与"愚夫愚妇"同一的，从而打破了人性的品级的区别、等级的划分。主张在"良知"面前人人平等，客观上提高了愚夫愚妇的人格地位，这显然是对封建伦理纲常的违戾。这虽与王守仁的初衷相背，但客观事实却无可辩驳地表明，王守仁心学的出现是对宋明理学的破坏或解体。

王廷相的儒学思想

王廷相继承了唯物主义哲学的传统，主要是继承和发展了张载的唯物主义哲学，而对明清之际的唯物主义哲学家王夫之等人有相当大的影响。因此，他在儒学发展史上有着承前启后的重要地位。

（1）生平与著作。王廷相（1474～1544年），字子衡，河南仪封人。他"幼有文名"，是明代文学著名的"前七子"之一。弘治十五年（1502年）中进士，正德初年受到刘瑾迫害，遭到贬谪。后曾任御史、南京兵部尚书、左都御史，晚年罢归家居。王廷相博学多识，对天文学、音律学都有颇深研究，对农学、生物学等也十分关心。其主要著作有《王氏家藏集》60卷，哲学著作有《慎言》、《雅迹》、《答薛君采论性书》、《横渠理气辩》与《答天问》等。

（2）"气本"论的本体论。王廷相继承了张载"太虚即气"的本体论。他认为，宇宙是由"元气"构成的，元气之外没有精神实体的"道"或"理"作为宇宙的主宰。他对太虚与气作了唯物主义解释，认为太虚就是太空，其中原本就充满元气，因为看不见形状，所以叫"太虚"。气虽然看不见形状，但却是客观存在的物质。它充满着宇宙，不知是从何时产生，当然也就不知何时消灭，不知从哪里来的，也不知到哪里去。王廷相本体论的特点是区分了"气本"与"气化"，因此才叫"气本"论的本体论。可见，"气本"就是指"气"为生成宇宙的根本，也就是说，物质实体的气是宇宙的本体。王廷相把气聚散的运动变化过程叫做"气化"。"气化"的观点唯心主义哲学家也能利用。朱熹就把张载的唯物主义的"气化"思想加以改造，而容纳到他"理本气末"的客观唯心主义体系中去。朱熹承认气有运动变化的形象，但是他所说的"气"，是由精神实体"理"产生的。因此只承认"气化"，并不是唯物主义的关键，只有承认气是宇宙的本体，才真正站稳了唯物主义的立场。

王廷相进而对"理"与"气"的关系作明确的论述。他认为，理存在气中，并非理能产生气，这是对朱熹"有理才产生气"的批判。

（3）唯物主义的认识论。王廷相的认识论重视感性认识，认为这是理性认识的基础，没有它，就是圣哲也不可能获得知识。因此克服了张载的认识论"德性之知不萌于见闻"的缺陷，也反对了王守仁的良知说。同时王廷相认识到感性认识的局限性。对于感性认识要善于运用，克服其片面性，要使之上升为理性认识。他认为，只有将感性认识与理性认识相结合，才能产生正确的认识。事物的存在是以亲眼所见来证实的，只相信道听途说就会受蒙蔽。认识事物精微的内在联系要靠用心思考，只凭记忆问答就很粗略。要掌握事物诀窍的奥秘，就要亲自实行，只是空口说说所得就很肤浅。这里包含了认识的"见"、"思"、"行"三个环节，前两个环节是"知"，三个环节是密切联系的。它反映了王廷相对知行关系的认识，他明确提出了"知行兼举"；只有做到"知行兼举"，才有最完美的认识。这是对朱熹的"知先行后"和王守仁的"知行合一"的批评，对王夫之的知行观有直接的影响。当然王廷相所说的"行"还只是践履，与我们今天所说的"实践"不完全相同。他把认识停留在"知行兼举"的地步，还是不够的。

（4）只有"气质之性"的人性论。与理学对人性的代表性看法不同的是，王廷相反对把性看成与气相独立的理，而把性看成由气所决定的属性。他认为，性是由气质所决定的，气质清明的人性善，气质昏浊的人性恶，这就叫做"性出乎气"或"性出乎气质"。因此，不受气质影响的性是没有的。这个观点蕴涵着人只有气质之性，而无脱离气不受影响的本然之性。所以他说，区分本然之性与气质之性是儒者的一种迷惑。他强调性是"气之生理"，就是强调性只是一定气质的性，而不是脱离气质的东西。根据上述，王廷相自然地认为性有善恶，所谓性"一本之道"，就是说不仅善是性所本有，恶也是性所本有。他反对仅以理言性，反对仅以善言性，也反对离气而论本然之性。性决定于形气的清浊昏明，与道相合的性为善，与道相

161

乖的性则为恶。而人的气禀受的性不是不可以改变的。人性之后带来的气禀之性只是性之"始",性还可以不断地发展,因为气质可以变化,所以人要用道来约束性的不善的方面,以性的善的方面主导地变化气质。王廷相一反宋儒"梏于性善之说","守仲尼之旧",他的人性论是气学的一个合乎逻辑的结论。在这一点上,他使得气学体系中人性论立场得到了澄清和表现。明朝中后期的思想家受此种气学及以气论性的思想影响很大。

作为一位具有科学精神的儒学家,王廷相的儒学思想体系有向实学发展的逻辑的必然。在某种意义上,他的哲学正是为同时代科学技术发展提供世界观和方法论的论证,而具有十分重要的地位。

 11 晚期心学代表刘宗周

(1)生平与著作。刘宗周(1578～1645年),字起东,号念台,浙江山阴人。因讲学于山阴县城北蕺山,学者称他为蕺山先生。万历二十九年(1601年)中进士,累官至工部左侍郎、左都御史,后遭贬。李自成入京后,明室南渡,刘宗周起复原官。浙江失守后,他看到明王朝的灭亡已无可挽回,绝食二十日而死。刘宗周是一个典型的正直的士大夫学者,平生尚忠信,严操守,重气节,敢于直谏,指陈时弊,与阉党进行不妥协的斗争。刘少时从外祖父章颖学,中进士后师从许孚远,明末时公推他为海内大儒,学问气节为世所重。早年不喜王阳明之学，中年后信从阳明之说，而至晚年提出他自己的以慎独、诚意为宗旨的思想。他的基本思想并未超出心学的范围，但对明朝中叶以来心学的发展作了一定程度的批判总结，其著作编辑为《刘子全书》。

（2）意念之辩、诚意慎独。刘宗周所理解的心之本体是指意识主体的一种原始的意向。正如指南针的指南，属性是一种"向"。意，正如指南针固有的对南指向一样，是人心的内在意向，因而它是心的主宰。他在与人论心意之辩时，强调意不是心的德行，而是心的本体，意不是念，念有起灭而意无起灭。他认为，从前的思想家把意都当成了念，实际上意不是念，不是心。由于他把"意"看作心理结构中最根本的范畴，故又常把这个意称为"意根"。而且刘宗周认为，《易》中所说的"几"，也就是他所讲的意。几作为意，不是指发的初始状态，而是制约整体的内在深微的意向。

作为心之主宰的"意"，也就是《大学》、《中庸》所说慎独的"独"。刘认为，独既是心体，也是性体。因此"独体"即独的本然之体，就是指意。就知善知恶而言表现为阳明说的良知；就好善恶恶而言，就是他所强调的作为心之主宰的意。这样他把良知与意统一起来，以意释知。

意与独表征心之体，诚与慎是指功夫。刘宗周把慎独作为学的根本功夫，独是用功夫下手处，但功夫又不能用力，只有"慎独"的方法才能保证这个原初的意向，慎独的方法也就是诚意，意是好善恶恶的本始意向，诚意就是保证这个意向不受影响。由于意是比良知更基本的范畴，故诚意是最根本的功夫。诚意是统帅，致知是辅助诚意的方法。没有诚意的主宰，所致的知可能只是没有定向的知觉意念，有诚意作为主导，致知才能有保证地在至善的方向上发挥作用。

就心学的发展来看，从陆九渊的明心，到王阳明的致知，再到刘蕺山的诚意，呈现为一个发展的过程。心—知—意的这种发展，不仅使心学的功夫更深入到意识深层里去，也使得《大学》中与心学有关的三个条目"正心"、"致知"、"诚意"都得到了充分的发展，在结构上更为周全。同时，从陆象山到刘蕺山，也表明心学的道德体验在实践中逐步深入和完善。

（3）义理之性、心性一物、即情即性的本体论。刘宗周对理气的看法受王廷相以来明代气学思想的影响较大，他主张气是第一性的，理是第二性的，反对各种理在气先、道在器上的思想。而且他以理气论来说明善与心性的关系。他强调理即气之理，理又在气之先，道心与人心、义理之性与气质之性的关系，与理和气的关系是相同的。由于理是气之理，因而性是指气质的性。天地之间流行的气是"气"，"气质"是指气积聚为一定形体的存在，即积聚为形质的气。而气质的理，就叫做性。因而性是指一定气质的性、一定气质的理。在他看来人或物只有一个气质之性，也就是天命之性，归根到底又是宇宙一气流行的条理。

与气质之性的问题相联系的是道心人心的问题。

刘宗周反对把"人心"等同于人欲以及把"道心"等同于天理。他认为，人只有一个心，正如人只有一个性即气质之性一样。在他看来，心是一个属于气的概念，而道心则是一个性的概念。就其道心说来看，从其用理即气之理来论证道心人心的关系来说，以心属气，以道心属性；而就他的意和道心皆为"惟微"，为心之所以为心来看，又以道心与意是同一的。可以认为，在刘宗周的思想中，心与性一而二，二而一，意既是中体（未发之中），又是微体（道心惟微）；既是心体（独），又是性体（莫见莫显）。因为他所理解的性就是心的一种本然的条理或状态。

在刘宗周思想中一个很重要的观点，就是心性关系与理气关系是相同的。本体上离气无理，故心性论上离心无性，从而主张心性一物。在他看来，理只是气的未发生变异的本然流转及其有序更迭，性只是心的本然流行和正常条理。他提出了对性和情的看法，所谓即心即性，即情即性，是把性直接理解为合于心气流行的正当意识与情感。正如理是气之条理，性也是心之条理，性就是心流行之机，是呈现为知觉的东西，是知觉自身的秩序、规范和条理。

（4）四德与七情——人性论。四德指《中庸》的"喜怒哀乐"，七情指《礼记·乐记》的"喜怒哀惧爱恶欲"。在他看来，"喜怒哀乐"这"四者"不是欲，而"七情"是对外物的反映，属于欲。七情是人的修养用功之地，而对四者则无法用功。这表明他的理解中七情是属于现实的意识活动，而四者则是人力无法改变的自然的、必然的东西，具有本体的意义。所以，四者是表征气化运动秩序的范畴，每一气化过程分为这四个阶段，每一阶段上都有自己特殊的运动表现。这四者交替循环，体现了宇宙有秩序的变易过程。七者之情是四气正常交替发生变异所产生的。"四者"就人道来说即仁义礼智，故称四德。根据这种思想，性情之正与德行之理，本质上是宇宙实体气的运行的正常秩序与整理。由于刘宗周的"四德、七情"说，因此主张心体、性体都无动静之分，从这样的观点来看，已发只是指表情和动作态度，未发则指喜怒哀乐本然的循环。

（5）对刘宗周的心学思想的评价。作为一个严肃地进行自我修养的理学家，刘宗周的人格体现了儒学包括宋明理学在内的道义担当的传统，也体现了照杀一切假道学的宋明理学作为道德理想主义的真精神。他的思想吸收了气学的世界观，深化了心学的修养功夫理论，对朱子学亦多肯定。他在总体上，从理学史的意义来看仍属于心学系统，但也在相当程度上具有了综合性的特质。

五 清代以顾炎武、黄宗羲、王夫之以及戴震为代表的实学与考据学之儒

 清代儒学思想概说

从明末到清末，儒学朝着经世致用的方向发展，这种发展是曲折的。17世纪，儒学在体、用、文三个方面都发生了变化。就"体"而言，重心由个人道德本体转到了政治社会体制。而"用"，尤其是儒学的一大着力点，它集中表现在经世致用的观念上。清初处在天翻地覆之余，儒家这一观念非常活跃，顾炎武、黄宗羲、王夫之三大儒都抱有用世之志。王阳明以后，明代的儒学已逐渐转向"道问学"（有转向书本考据之意）的途径。在这一转变中，以前被轻视的"闻见之知"，现在开始受到了重视。到了清代，这一趋势变得更为明显了。

儒学由"尊德性"转入"道问学"阶段，最重要的内在线索便是义理必须取证于经典。清初，顾炎武正式提出了"经学即理学"的说法。黄宗羲一方面提

倡学者必须首先研究经学，另一方面又认为读书不多就不能证明义理的变化。这显然是要把经学和理学打成一片。"经学即理学"由口号阶段的清初至乾嘉，以具体的研究成绩，成为一个真实内容的学术思潮。到了清代中期，经学考证已成风气，"道问学"在儒学中居主导地位，戴震是其代表之一。但是19世纪当中国国门被强迫打开，西学渗透进来之后，儒学思想面临挑战。儒学的出路何在？一批具有较深厚儒学传统的知识分子，在吸收了西方近代自然科学和人文科学思想以后，企图以"中体西用"的方式为中国传统儒学找到一条迈向近代的道路，资产阶级改良派和革命派作为实践者，为清代儒学作了总结。

务实学者顾炎武

（1）生平简介。顾炎武（1613～1682年），原名绛，字忠清。明亡，改名炎武，字宁人，亦自署蒋山佣，学者称为亭林先生。江苏昆山县人。

顾炎武出身于没落的官僚世家，自幼过继于孀居的叔母。叔母知书达理，不仅以《大学》之道教其立身，而且还时常给他讲述明初刘基、方孝孺、于谦等人的报国业绩，在做人方面给他启迪。正当顾炎武在求学的道路上探索之时，明清更迭的历史变迁把他赶出了书斋。山河破碎，家难频仍，他不得不辗转于太湖沿岸与各地抗清志士秘密往来。顺治十四年（1657年）秋，45岁的顾炎武将家产全部变卖，只身北上，开始了此后 20 多年转徙不定的游历生涯。这以后，他除陆续撰写大量的诗文杂著外，全部精力几乎都用于他一生最重要的代表作品《日知录》的写作。晚年的顾炎武，行万里路，读万卷书，以其深湛的学术造诣而名著朝野。顾炎武一生，广泛涉足于经学、史学、方志舆地、音韵文字、金石考古以及诗文等学，在众多的学术领域取得了卓越的成就，除《日知录》外，《音学五书》38 卷为他的另一代表作品。清代 260 年间，音韵文字学之所以能够从经学的附庸而蔚为大观，该书具有不可磨灭的开创之功。

（2）经学思想。明末以来，王阳明心学乃至整个宋明理学的没落，客观地提出了建立新的学术形态的课题。所以，在明清之际日趋高涨的实学思潮中，不仅出现了出于王学而非难王学，或由王学返归朱学的现象，而且也出现了对整个宋明理学进行批判的趋势。顾炎武顺应这一历史趋势，在对宋明理学的批判中，建立起他的以经学济理学之穷的思想。

顾炎武对宋明理学的批判，是以总结明亡的历史教训为出发点的，因而其锋芒所向，首先便是王阳明心学。在他看来，明末的"神州荡覆，宗社丘墟"（国家动荡不安，政权不稳，以致亡国）正是王学空谈误国的结果。他认为以前的清谈谈老庄，现在的清谈谈孔孟。晚明心学的泛滥就是不学习儒家经典，也不去考据各朝代的经典，不研究当代的时务。对此他深恶痛绝，指出心学是内释（佛学）外儒之学，孔门并没有专用心于内的学说。在他看来，现在所谓的内学，并不在图谶书中，心学也不是儒学正统，它不符合孔孟之论，实际上就是老庄之学，是禅学。因为以"性与天道"为论证对象的宋明理学，不顾国家安危，不去考经据典，而是津津乐道于性与天道，实际上已堕入禅学泥潭。

在宇宙的本体这个问题上，顾炎武站在张载一边，主张气本论。他认为充满天地间的是气，一切存在的都是气的聚散，人心不过是物质的精气。这就从"唯物"（《日知录》卷一，《游魂为变》）的观点，承认物质是实在的，反对宋儒先理后气或上道下器的唯心论。

"格物穷理"是程朱理学家的不二法门。顾炎武也讲"格物致知"，由于他把心当作适应对象的思维，他就把"致知"理解为知止知至，把"格物"解为当务之急。根据他的一贯主张，"格物"之"物"，既不是"鸟兽草木"，也不是性与天道，而是国家治乱的源泉、人民生活的根本，是保卫国家民众的责任。这样的"格物观"表明，它既不同于王守仁的"致良知"，也不同于朱熹的"穷理"，顾炎武实际上已冲破理学的藩篱，将视野扩展到广阔的社会现实中去了。

面临以何种学术形态去取代心学的抉择，顾炎武虽没有走向朱学复归的老路，但是，历史的局限却使他无法找到比理学更为高级的思维形式。于是他只好回到传统的儒家学说中去，选择了复兴经学的途径。他沿着明末先行者的足迹，去为复兴经学而努力，鲜明地提出"理学，经学也"（《亭林文集》卷3，《与施愚山书》）。顾炎武把经学视为儒家正统，在他看来，不去钻研儒家经典，而沉溺于理学家的语录，就叫学不知本。因此他主张"治经复汉"。其立意甚为清楚，无非是要说明，古代理学的本来面目就是朴实的经学。在具体的经学研究中，顾炎武提出了既要尊重古代文献，同时又不可盲从的治经原则。他不盲从，不依傍，信其应当信的部分，怀疑其应当受到怀疑的部分，体现了为学的务实风格。宋明以来，理学家轻视训诂音韵之学，古音学不绝如缕，若断若续，顾炎武认为治经学而不通音韵文字，则无以入门。于是他提出读九经要从考据训诂开始，而考据训诂自然要从音韵文字开始的经学方法论，经过 30 余年的努力，终于写成《音学五书》这样一部中国音韵学史上继往开来的著作。

经过顾炎武与其他学者的共同倡导，清初儒学在为学方法上，逐渐向博稽经史之路走去，形成有别于宋明理学的朴实考经证史的历史特征。

（3）务实学风。17 世纪以来，在日趋高涨的经世思潮中，扭转空疏学风，是当时学术界所面临的一个迫切课题。在明亡前的三四十年间，学风已开始向务实方向转化。顾炎武继起，为转变明末空疏学风开启清初实学先河，作出了积极贡献。他以一生的实践表明，其学以致用，反对内向的主观学问，主张外向的务实学问。比如他认为史籍的编纂根本之点在于征实去伪，提出治史就是要经世致用。

顾炎武晚年的经历，使他的学术风格得以较黄宗羲、王夫之二人更深刻地影响当世。他严谨健实的学风，经世致用的治学宗旨，朴实归纳的为学方法，诸多学术门径的开拓，以及对明末空疏学风斩钉截铁般的抨击，与他傲岸的人格相辉映，在整个清代起了积极作用。而作为清初三大儒学大师之一，顾炎武的创辟之功是确然不拔的。

 隐士船山先生

（1）坎坷的一生。王夫之（1619～1692 年），字而农，号姜斋，湖南衡阳人。南明覆亡后，他曾鼎力抗清，隐匿转徙于湘西山区，最后归老于衡阳的石船山，潜心著述，罕为世人所知。晚近以来，考论清代儒学者称他为船山先生，并将其与顾炎武、黄宗羲并提为清初三大儒。

王夫之出身于一个业已败落的地主家庭。明亡后，各地抗清活动风起云涌，王夫之也于 1646 年在衡阳举兵。兵败，开始著书立说，总结明亡的教训，构建自己的思想体系。早期的著述或系统阐发朴素辩证思想，或揭破宋明理学与佛学的理论渊源，或再现永历政权 15 年的兴亡。康熙初，吴三桂兵变云南，以图复明，这突如其来的变故与王夫之心中的复明幻梦产生共振，使他再次陷入歧路彷徨之中，但随着吴与清双方力量对比的变化，王夫之终于最后选择了著述终老的道路。晚年的王夫之，深居简出，专意著述，写下了数十种极具学术价值的作品。诸如《庄子通》、《读通鉴论》、《宋论》等，无一不是哲学、政治、史学等领域的不朽之作。

（2）博大的学术体系。在清初诸儒中，王夫之学术体系缜密，最为博大。经学上，关于诸经的疏解、考异，多达 23 种，166 卷；在史学、哲学、文学等方面也都有建树。王夫之为学之始，以父兄为师，受乡里先辈学风影响甚深。除同里大儒伍定相之学，尚有阳明后学和东林后学高世泰。在激烈动荡的社会现实的洗礼中，他以为学习并不碍思考，愈广博则思考愈深刻；而思考对学习是有好处的，因为思想有疑虑则学习会更勤奋。由此为出发点，他通过对传统学术的批判继承，终于冲决了朱、王学的束缚，找到了自己的归宿。

王充的《论衡》以"疾虚妄"（痛恨虚假、荒诞不经）的不妥协态度全面批判了董仲舒的"天人感应"的谬说。王夫之继承了这种批判精神，并使之成为他清理宋明学术以及传统儒学的思想武器。王夫之直斥王学为"新学邪说"，采取了否定态度。但他并没步东林旧辙，走由王返朱的道路。在他看来，唯有张载之学可取。张载的《正蒙》是理学形成时期一部独树一帜的重要著述，由于书中以"唯气论"与二程唱反调，素不为正统理学家所接受。王夫之一反传统，著《张子正蒙注》一书，并以自己毕生的学术实践，将张载的学说加以完善和发展，形成了以完整的元气本体论、"变化日新"的辩证思维和"理气合一"的历史观为核心的思想体系。而王夫之提出的"实有"范畴，大大地丰富了张载的"唯气论"，把中国古代思想家进步的宇宙观推向一个新的层次，从而成为近代实证科学的先导。他所运用的"变化日新"的辩证思维纠正了张载关于物质运动形式的形而上学，对晚清勃兴的近代思维同样起了不可忽视的启蒙作用。因此，后世学者称王夫之发展了古代朴素唯物主义，并把它提高到一个新的水平。

此外，作为一个杰出的思想家，王夫之还善于博采众长，包括对中国古代思想史上的佛老异说的批判继承，从而丰富自己的辩证思维。自从汉代"独尊儒术"以来，儒学成为思想、文化的正统，与之同样源远流长的道家、道教思想和中国化的佛学，则渐成异端。传统的辟佛斥老的偏见根深蒂固，迄于清初丝毫未改。王夫之以"辟佛老而正人心"（正，端正）为己任，但在具体做法上却与张载有别。《老子衍》、《庄子解》、《庄子通》都是他潜心研究的心血之作。他吸取佛学关于"能"（主观）与"所"（客观）的认识范畴，提出"能必副其所"（主观必依据客观）的正确命题，丰富了自己的认识论。

与顾炎武、黄宗羲诸大师一样，王夫之的为学也是经世致用。他曾说过，"写史的人记载繁多，但经世的大计却不写下来，后人想要获得前人的经验教训却不能，这样的历史有什么用呢？"（《读通鉴论》）王夫之博大学术体系的形成，正是这种把传统同现实结合风格的体现，而他对同时代的方以智学风的赞许，则是将传统与现实相结合的向前看，其意义显然非继承本身所能比拟。方以智（1611～1671年），字密之，号曼公，安徽桐城人，早年受西学影响，钻研自然科学，并把它同中国传统的考据学相结合，撰成著名的《通雅》和《物理小识》。王夫之敏锐地看到"博学积久，待征乃决"（指学以致用，方以智《通雅》卷首《凡例》）学风的可贵，加以充分的肯定。这样的评价也是从方法论上对宋明理学的大胆否定。它与顾炎武以经学济理学之穷的倡导，李颙融理学于传统儒学的努力不谋而合，同样是清初务实学风不可分割的一个部分。但由于他的归隐，以及自身没有能够逾越传统儒学的藩篱，以致不能在当时学术界激起强烈反响。而后起的乾嘉学者，从他的学术中所依稀看到的，只是强调"闻见之征"的考据之学罢了。

 ## 浙东学术开创人黄宗羲

黄宗羲（1610～1695 年）字太冲，号南雷，又号梨洲，学者尊为梨洲先生。浙江余姚人。他一生与明清更迭的大动荡相始终，走过了从党争健将到学术巨擘的人生道路。

（1）党争健将。黄宗羲出身官僚家庭，其父尊素为东林名士，因弹劾阉党获罪，冤死狱中。崇祯元年（1628 年）春，黄宗羲千里跋涉，赴京为父鸣冤，以铁锥刺杀阉党余孽，声震朝野，时年 19 岁。此后，他遵父遗命，师从绍兴著名学者刘宗周。浙东素为人文渊薮，明代中叶以后，王阳明之学盛极一时，及至明末，王学末流援儒入释，致使禅学弥漫而与之颉颃。

黄宗羲年轻气盛，邀约文士以壮宗周声势，与王学抗衡。到南明灭亡，他又参加抗清，屡遭追捕。历经20年的颠沛流离，一觉"老冉冉其已至"。以顺治十年（1653年）至康熙二年（1663年）间所陆续撰成的《易学象数论》、《明夷待访录》为标志，开始了他后半生的著述和讲学生涯。康熙初年，他游历浙东各地讲学，致力于刘宗周遗书整理，并宣讲刘氏学术主张。浙东各地，一时人才辈出，经史之学蔚为大盛。

晚年的黄宗羲弟子众多，声名远播。他的学术，博大通达，史学、经学、天文历法、数学、舆地、诗文以及版本目录诸学，多所涉足，为后世留下了50余种，近千卷的著述。

（2）学术巨擘。黄宗羲一生著述甚多，但以《明儒学案》和《明夷待访录》为其代表作品。清初，孙奇逢继周汝登之后著《理学宗传》，开清初编纂学术史风气之先声。这给予黄宗羲的影响是显而易见的。《明儒学案》体例严整，自成一家，堪称名副其实的"为学作史"。卷首冠以《师说》以示全书立论宗旨，以下则分17个学案。各案前均有他的绪论一段，提纲挈领，介绍案主学术宗旨。之后为案主本传，记其一生学行。文集、语录等资料选辑，则自案主全集纂要钩玄，置于卷末。这种三段式编纂体例，结构严整，首尾一贯，显示出作者深厚的历史编纂学素养。至此，黄宗羲集先前学案体学术史之大成，使之臻于完善和定型。

《明夷待访录》不分卷，共13篇，是对君主专制政权体制进行系统批判的专著。其主要特点在于：首先，是明确君臣职分。书中论证了在同样致力于天下万民忧乐的前提下，君臣二者"名异而实同"（名称不同而实质相同）的道理。认为人君专擅独裁，天下人就会怨恶他，把他看作仇敌一样，称为"独夫"，于是天下的大害就是人君了！君有君的"职分"（职责分内的事），臣有臣的"职分"。他的君臣观是君与臣应为师友而非主仆。从而得出天下的安定与混乱，不在于一姓的兴亡，而在民众忧乐的著名主张。其次，是关于"有治法而后有治人"的法治主张。黄宗羲断言"三代以上有法，三代以下无法"（《明夷待访录·原法》）。他还提出天子认为对的并不就是正确，天子认为不对的并非就真错了。这无疑是对君主个人专权的有力抨击。再次，是他对以"富民"为宗旨的经济思想的阐述。"藏富于民"，这是中国古代思想家的传统经济主张，黄宗羲继承和发展了富民思想，并拟出具体的经济改革方案。尤为可贵的是，他一反传统的重农抑商的观念，认为正常的工商活动都不应视为末务。《明夷待访录》在清初引起思想界的共鸣，到清末它对维新思潮的兴起，还产生过积极的推动作用。

 ## 5　关学再倡——李颙

李颙（1627～1705年）字中孚，号二曲，一号惭夫，又自署土室病夫，学者称二曲先生。陕西周至人。

（1）生平。李颙自幼失学，崇祯十四年（1641

年），其父应征从军后丧生，从此他走上自学的道路。为学之始，并不以当官进仕为目的。面对动荡的社会现实，他志在经世时务，开始著书立说。30岁以后，他致力于切己自反的"悔过自新"说，或在乡里，或外出讲学，足迹遍布关内，远涉江南、中州，声名大起。他拒绝清廷的征召，对吴三桂的拉拢，也以迁居表示不愿同流合污，遂返乡闭门不出。晚年他一意务实，终其一生"坚苦力学，无师而成"。李颙以王阳明"致良知"说为主干，会通朱陆，自成一家，著述不多，仅《二曲集》、《四书反身录》两种。

（2）悔过自新说。这是李颙30岁提出的立身学说，以此为标志，他深化了先前对经世时务的讲求，转而致力于"切己自反"的明性之学的探讨。何谓"悔过自新"？"过"应当为身心过失，对于志存经世的学者，力图在心灵深处筑起悔过的堤防。所以"理"，是"义命廉耻"这一"立身之基"，这样才恢复了人至善无恶的本性："新"字他解释为"复性"，他号召全社会人们去虚就实，从自身的"极浅极近处做起"，以道德上的最大修能，去讲求现实生活中的"最上道理"。稍后，李颙的这一学说经历了演变：一条道路是"存心复性"，深陷泥淖；另一条道路是他谋求实学思想发展的努力。这就是把"悔过自新"同经世时务的讲求合而为一，提出"明体适用"的为学主张，从而赋予他的实学思想以新的生命力。

（3）明体适用说。这是李颙思想最为成熟的形态，是积极的经世学说，也是他的学说中最有价值的部分。

他认为儒学就是明体适用之学。如何讲求明体适用呢？李颙认为应从读"明体适用"之书开始。在开具的书目中，可以看出其见识和讲求经世实学的趋向。他提出既要精于读书，又要善于变通的见解，以达到"开物成务，康济群生"（《二曲集》卷14，《周至答问》）的目的。他合程（二程）、朱（熹）、陆（九渊）、王（阳明）为一堂，熔德业、功业为一炉，以期"为天地立心，为生民立命，为往圣继绝学，为天下后世开太平"（《二曲集》卷7，《体用全学》）。意为天地树立中心，为民众树立使命，为先圣继续失传的学问，为未来世界开创太平。

李颙力图恢复儒学的经世传统，以其"体用兼该"的主张，对宋明以来理学重体轻用，空谈性与天道，无视国计民生的积习，进行了鞭挞。对清初健实学风的形成，起了积极推动作用。他进而提出"道学即儒学"的见解。李颙在学术实践中完成了从悔过自新，到明体适用的实学体系的构筑。他晚年昌明关学（宋明理学的一个重要派别，北宋张载开启先路），将这一学派导向"明体适用"的新路。

李颙明体适用的学说，而后又具体化为对倡明学术，以正人心的追求。它随着清初社会环境和李颙个人遭遇的变迁，经历了一个不断深化和完善的发展过程。在形成李颙实学体系的全过程中，始终贯穿着一个鲜明的宗旨，这是"救世济时"。作为一种面对现实的经世学说，以"明体适用"说为核心的实学体系，虽然瑕瑜互见，未为尽善，但它旨在挽救社会危机的努力，则顺应了清初历史发展的客观要求。因此，它无疑有着积极的社会价值，是具有进步意义的。

三足鼎立中的北学——颜李学派

清初，就理学而言，顺治及康熙初叶，依然是王学大儒最为活跃。以孙奇逢为代表的北学和以黄宗羲为代表的南学，以及李颙为代表的关学，三足鼎立，各领风骚。孙奇逢合会朱王学术的努力，深刻地作用于河北、河南学术界，使之成为清初北学的开创者。孙奇逢与颜李学派（以颜元、李塨为代表），使北学走过了一条由盛而衰，最终以经学考据而与南北学术合流的过程。

（1）孙奇逢与北学。孙奇逢（1584～1675年），字启泰，号钟元，晚号岁寒老人，学者尊为夏峰先生。河北容城人。

孙奇逢大半生在明代度过，清兵入侵后，他参加了抗清运动。晚年他屡拒征召，在河南辉县苏门山开课授业，勤于著述。而孙奇逢之学，最初是从陆（九渊）王（阳明）开始，明亡使他感受到王学末流的空谈误国。康熙五年（1666年）撰成《理学宗传》，试图通过对宋明理学史的总结，寻找儒学发展的新途径。就其时代内容而言，《理学宗传》实质正是一部为王阳明学术争取正统的著作。在孙奇逢看来，儒、释（佛学）两家之于心，存在严格区别。一方面他肯定王学在儒学发展中的正统地位；同时又清醒地正视王学面临的危机，于是在合会朱王学术的努力中，他找到了自己的归宿，这就是"躬行实践"。他曾就此歌咏道："说什么程朱陆王，门户便相悬。从陆征鞍，顺水扬帆，到头一样达畿甸，道同源。躬行实践，舌上莫空谈"（《三贤集》卷四，《夏峰歌》）。孙奇逢为清初北方儒学昭示了为学方向。后来，河北大儒颜元及其弟子李塨，正是发展了孙奇逢"躬行实践"的学术主张，讲求实习、实行、实用的"习行经济"之学，把他所开创的北学进行改造，演变为异军突起的颜李学派。

（2）"习行经济"之学。康熙中叶以后，清初诸儒学大师相继谢世，颜李学派异军突起，独领风骚，此学派以讲求实习、实行、实用的"习行经济"之学为特征，首倡于颜元，完备于李塨。

颜元（1635～1704年），初因其父养于朱氏，遂姓朱，名邦良，字易直，号思古人。后归宗复姓，改今名，字浑然，号习斋，河北博野人。颜元学问最初从陆、王之学入手，继而改从程、朱，后全部摒弃，一意讲求经世致用，专以实习、实用为倡导，成为清代儒学史上著名的颜李学派的创始人。他的主要著述有《存治》、《存性》、《存学》、《存人》四编，史称"四存编"。颜元学说的形成经历了一个博取众长，不断消化，融为我有的演进过程。在学说形成的早期，对其产生了决定性影响的，正是孙奇逢的北学。当他受到陆世仪（江南学者，著有《思辨录》，推崇孔子六艺之学）的六艺实学影响之后，便用它对北学进行根本改造，否定了孙奇逢合会朱王学术的努力。他认为

"学习、躬行、经济，吾儒本业也。舍此而书云书云，讲云讲云，宋明之儒也"（《习斋记余》卷6，《论开书院讲学》）。意为学习、实践以经世济时，才是儒学之士应该做的。而丢掉这些，连篇累牍，空发议论，便是宋明的儒学。

颜元去世后，他的事业为其弟子李塨所继承。李塨（1659～1733年）字刚主，号恕谷，河北蠡县人。自20岁起就师从颜元。他一生以发扬光大颜学为己任。为此，他在全国各地游历，广泛结识当时名士，遍交当时名儒，高高举起颜李学派的旗帜。作为颜元之学的笃信者，他恪守颜元之教，亦步亦趋。认为看的书太多，则世事的阅历就少了；写得太多，则经世济时行动就减少了。宋明之所以灭亡原因就在于此。当颜元决意以六艺实学与朱熹学说相抗衡时，他也作同调之鸣，断言现今虚妄之学太盛，盛极必走向衰落，转而走向实学。

但值得一提的是，李塨在37岁时南游，开始了其儒学思想的转变。因当时江南经学方兴未艾，朴实的考据学风正在酝酿，毛奇龄、王复礼等都给他以考据经学的影响。在连年的南北学术交流中，他既使颜学第一次远播江南，又兼收并蓄，使之扩充，并与经学考据相沟通。他接受了经学考据的缜密方法，著作里带有明显的考据色彩。晚年的李塨，遍考群经，既认为古代已有习行经济的书，又认为这些书已无人可知，现在要做的就是辨析它们的真伪以及著述是否得当。

这表明颜李学风的始同终异是风气所趋，大势使然。因这时已是清代中叶，经学在经历了初期的鼎盛之后，已渐被考据学所代替。经史考据之风的勃兴，已非任何个人的意志所能转移。而颜李学派最后走向与考据学合流，也是必然的了。

 7　清代中叶的考据学派

（1）18世纪考据学概说。到了18世纪的清代，儒学以考据学的面目出现，并发展到鼎盛。因为此时正值乾隆、嘉庆年间，所以考据学又称乾嘉学派或乾嘉朴学。考据学是区别于"宋学"而言的。"宋学"特别是其中的理学，着重于义理，而考据学内容包括音韵、文字、训诂、校勘等。考据学的功绩不可一概抹杀，它以其谨慎的治学方法和由经学的整理进而扩及一般文献的整理，其中对古代制度和音韵训诂的考订为后世所称道，在儒学中具有重要的地位。

考据学习惯上分为吴、皖两派，吴派以惠栋为首，皖派以徽州戴震为首。两派各有侧重，前者着重在复原汉《易》，后者则重在名物典章制度的考证。总的说来，两派的研究方法共同之处居多。作为研究古代学术史的一种方法，考据学又称为"汉学"，它以复兴"汉学"为己任，认为研究经学要先考证文字的意义，然后才是文章本身。考据学最朴实之处是音韵学的研究，戴震在论《尔雅》时，曾讲到音韵之重要并论及六书源流，从自然演进上说明文字的进化，颇有其独到的见解。

由于考据学派中戴震对后世的影响更甚于惠栋，而且他的学问比较全面，更能代表考据学派，因此本书仅以戴震为例，以便对考据学派有个大致的了解。

（2）反理学的思想家和考据学家戴震。戴震（1723～1777年），字东原，安徽休宁人。少年曾师从于经学大师江永（婺源人，精于算学、音韵，对程朱理学颇有研究），壮年时来往于南北各省，著述甚多，备受当时学者推崇。乾隆三十八年（1773年）开四库全书馆，他被召为纂修，赐同进士出身，入翰林院任职。4年之后逝世，享年55岁。主要著作有《孟子字义疏证》等。

17、18世纪是个反理学的时期，当时思想家大都鄙弃谈心说性的理学，这就形成了朴学时代。戴震在考据学最盛之时，对程朱理学的批判较为彻底，他认为，理学的病根在于不肯抛弃谈心说性，而尊崇理（主观），抛弃气（客观），又保留理而抛弃欲。在批判程朱的"道器"、"理气"二元论中，他认为"气化"是物质存在的原始状态，没有具体形状，不易被察觉，故《易经》称之为形而上的"道"。物质内部阴阳二气相互排斥又相互联系，而形成运动变易的过程就叫做"道"。所以阴阳五行才是道的实体。金、木、水、火、土五行的五种物质中都含有阴阳的对立，而每一种物质又都是阴阳二气的统一体。所以离开了矛盾而又统一的物质实体，就没有道的存在。这有力地论证了世界的统一性在于它的物质性，同时也肯定了"道"的自然性，否定了"道"的超物质性和精神主宰的性质。

　　戴震在反理学的过程中建立起自己的学说，他认为理是事物的条理，理在情中，而不在人心之中。人心只有血气心知，而心知只是可以求理的官能。用心知去求事情的条理，剖析区分至于无差失，那就是理。由此戴震驳斥了理学的无欲论，这种人生观把一切欲望都看作违反天理，故要去欲、无欲。戴震把他的学说建立在正视人欲的基础上，这不能不算是对理学的最大挑战。戴震的人性论和伦理学说就是本着尊重理性和人性的精神，给程朱"存天理、灭人欲"的伦理学说以致命的打击。

　　就戴震考据学的功绩而论，他侧重名物典章制度的考证，目的在于探讨社会治乱的根源。他认为由于训诂可得典章制度的历史意义，并由此可以闻道。在语言学、训诂学、校勘学、文献学、历算学等方面颇有建树。戴震在反理学的过程中树立起考据学风，从字义、音韵方面重新审视两千年来儒学所依凭的经学典籍，这对儒学的发展，无疑是一个推动。考据学派所做的工作，也许显得烦琐，但它的意义却远远超过了烦琐的表现方式。

 8　19 世纪前半叶的儒学

　　（1）19 世纪的学风。19 世纪对于中国儒学的发展是相当重要的，它由具有朴实学风的考据学进而发展成"经世致用"之学，并向西方学习，倡导所谓"中学为体，西学为用"。在哲学上则是以进化论为特征的资产阶级思想，取代了旧的思想体系。龚自珍、魏源等成为地主阶级的革新派，他们最早迈出了向西方学习的步伐。而洪秀全与洪仁玕力图用革命的行动来创建新的国家，他们代表着农民的思想。接近或者已经是资产阶级思想代表的严复，尤其是康有为、梁启超，以戊戌变法的改良思想的失败，推动了孙中山、章太炎等人的革命派思想的产生和发展。这一思想的发展脉络，正是该世纪学风的特色。

（2）西学第一人魏源。魏源（1794～1857年），字默深，湖南邵阳金潭乡人。他自幼好学，常至深夜还在刻苦攻读。年轻时外出游历所见社会现实，为他以后提倡经世致用之学打下基础。道光年间，他曾在清廷内阁作中书舍人，在这里接触到许多重要文献，并结识林则徐、龚自珍、黄爵滋等人。道光二十年（1840年）鸦片战争爆发，自此魏源开始接触并了解西方。第二年他写成《英吉利小记》（收入《海国图志》卷53）。其中记述了英国的地理、政治、风俗习惯、宗教信仰。在林则徐嘱托下完成《海国图志》一书，较系统地介绍了西方情况，并积极参政，提出改革措施。晚年潜心著述，把平生著作一一加以评订。

魏源所处时代，正是中国封建社会走到穷途末路，西方资本主义以武力打开中国的门户之际。社会形势动荡不安，农民起义此起彼伏，太平天国运动把起义推向高峰。鸦片战争以后，清朝腐败的政治、经济、军事都进一步暴露，使魏源对时局有了更深刻的认识。

因此，他渐渐孕育了学习西方、改革弊政的经世思想，成为鸦片战争期间进步思想家的代表。在鸦片战争中，他提出"以甲兵止甲兵"（《默觚下·治篇十回》，即用装备精良的军队抵御装备精良的敌军）。而且逐渐认识到依靠民众的力量，足以抵御外侮，著名的三元里之役，他认为就是一个很好的例子。

在思想上，魏源早年受王学影响，熟悉汉宋之学，并能对其进行批判。他说："禅学佛学不能治理天下就罢了，而心性迂腐就能治理天下吗？"对于宋学家口谈心性，托玄虚之理，他斥之为"腐儒"、"俗学"。而考据学烦琐的考证，摘录剖析章句却不能通晓全篇的意义，都是无用的。他学识广博，对自然科学相当重视，曾同当时学者周汉勋、罗士林讨论音韵、算学、史地、天文历法，他尤其爱好地理沿革，所编《海国图志》就是要向西方寻求救世"药方"以抵御外侮。

《海国图志》是林则徐嘱托魏源所编。此书引用的图书达百余种，其中包括外国著作二十种，咸丰二年（1852年）补完一百卷。这是我国第一部自己编写的，介绍世界各国历史、地理、政治、经济、军事、科技、文化、宗教等方面的巨著，对西方的分析具有比较客观、冷静、实事求是的态度。他把西洋人称为"奇士"、"良友"，重视西方技术，提出"师夷长技以制夷"（《海国图志》叙），号召只有学习西方的技术，才能有效地抵御外侮。斥责闭关自守的顽固派为"自画封城"，不知墙外有天，舟外有地，就像井中之蛙一样（《海国图志》卷76）。魏源主张除军事外还应建立

187

现代资本主义的机器工业，以利民用，发展民间资本主义工商业。

就儒学而言，魏源早年受王守仁及程朱理学的影响，中年以后治经崇尚今文经学，晚年又皈依佛教。他的宇宙观则继承了张载"太虚即气"的朴素唯物主义思想，认为万物皆气化流行而成，最后又复归于太虚之气。在知行问题上，他认为只有通过实践才能获得认识，不亲身经历，验诸实事，凭空玄想，一定会碰壁，所谓"谈沧海之广，以为知海，不如估客之一瞥；疏八珍之谱，以为知味，不如庖丁一啜"（《默觚上·学篇》，意为看地图自以为知道山海，不如亲自去一趟；读食谱自以为知道美味，不如亲自尝一尝）。

魏源以勇于向西方学习，而名垂青史。他的影响绝不仅仅是成为以后的戊戌变法的先导，甚至可以说直到今天仍然对我们放眼世界有所启发。

（3）太平天国的儒家思想。太平天国运动之所以不同于以往历史上农民起义的原因之一，就在于它刊印的许多重要文献和宗教理论性著作，比较集中地表现出中国农民在意识形成上的特点。而儒家思想在太平天国运动中的作用及表现，可以通过对洪秀全、洪仁玕二人的分析来窥其端倪。

洪秀全（1814～1864年），原名火秀，在信仰基督教以后改名为秀全。他家世代务农，生活困苦，年轻时代目睹了国难频仍，经历了国内政治经济状况的日益恶化。他屡试不第，由于偶然读了基督教读物《劝世良言》，此后就改信基督教，并决心在中国创建新宗教——拜上帝教。后付诸实践，在两广传教，吸引了一大批下层人民在他周围，并于道光三十年十二月（1851年1月）举行起义，建立了太平天国。这是近代史上规模最大的一次农民起义。至同治三年（1864年）起义失败，历时14年，波澜壮阔，声势浩大。起义的指导思想绝大部分来源于洪秀全本人的思想。虽然他以自创上帝教义为宗旨，但其中蕴涵的儒家思想仍很浓厚。

太平天国定都南京以后，洪秀全颁布了《天朝田亩制度》，作为其理想的平等天国的建国纲领。这一纲领幻想建立一个无贫富之分的小国寡民的大同世界。古代儒家经典《礼记·礼运》中关于"天下为公"、"世界大同"的思想对他制定此纲领影响至深。《天朝田亩制度》反映出农民的愿望与特性，它包含三个方面：①土地公有，平均财产。②建立等级森严的官僚制度，大权由天王独揽。③实行自给自足的自然经济。农民是小生产者、小私有者，洪秀全保留了这一特性，把和谐的个体劳动者家庭当作改造社会的模型并无限美化。这当然行不通，因而纲领颁布但无法施行。太平天国运动向何方去？指导思想又在哪里？洪仁玕《资政新篇》在这样的情况下成为试图扭转局面的政见书，反映了太平天国革命从实现农业空想社会主义向发展资本主义的转变。

洪仁玕（1822～1864年），原名谦益，号吉甫。在避居香港时期，他的思想发生了重要转变，开始接受西学，崇尚资本主义，并试图用资本主义来挽救太平天国。洪仁玕成为太平天国后期在天京制定各项施政方略，谋求重整大业的重要人物。但是，他的哲学观、伦理观却深深根植于宋明理学。他认为"天道自然"，儒家就是孝顺、忠诚和守信义，还有仁义道德，遏制欲望就保存了"理"。而《资政新篇》一书刊行，反映了他在深受传统儒学"经世致用"思想影响下，以资本主义挽救太平天国危机的愿望。他提出用人要得当，要改善君主政体，并发展近代社会生产和经济福利事业等。这些主张带有资本主义性质，尤其是他关于发展民用工业，鼓励兴办民间企业，承认财产私有权，私人发明专利权和允许雇工剥削等一系列的经济思想和经济政策，开了19世纪70～80年代以来资产阶级改良派要求建立民族工业，发展民族经济的先河。

 9 清末儒学走向

（1）资产阶级学者严复。严复（1854～1921年），字几道，自称为天演宗哲学家。福建侯官（今福州）人。少年的严复师从清末福建宿儒黄少岩，使他接受了宋元明儒学。后因家贫辍学。以后，严复考取福建船政学堂（原为求是艺局，是福州船厂附设，目的在于培养造船技术人才），自此他开始接触西学。后到英国留学，西方资本主义的强大给他以极大影响，遂产生以资本主义挽救清廷的政治主张。严复曾寄希望于洋务派，但后来大失所望，于是以著书立说为己任，企图以教育唤醒民众进行维新变法。他所译《天演论》在中国引起巨大反响。

光绪二十年（1894年）赫胥黎《进化与伦理》一书问世，严复就着手翻译，并定名为《天演论》。赫氏的"物竞""天择"论是生物进化的规律，也是宇宙间进化规律。作为达尔文的朋友，赫胥黎推崇达尔文的进化论观点，认为生存斗争中力量大者就能取胜，力量弱者就失败。严复在介绍进化论的同时，又推而论及中国如不努力奋斗改变现状，就会亡国灭种，祸在旦夕。这种庸俗的进化论毕竟为中国出路提供了一个答案，在社会上广泛传播，极大地影响了当时的知识分子。

这一时期，严复是进化论的唯物主义者。他认为世界具有物质性，并把传统儒学的"气"论加以阐发，指出万物统一于"气"归结为"气"。他说天地、人、百兽、昆虫、草木作为实体，气贯通其中而形成了万物。他把"理"、"气"赋予近代自然科学的新内容，进而批判了程朱理学在理气关系上的论说，认为赫胥黎观点是理属于人，存在于人；而气是客观物质，这就指明气是客观存在，不依人的意志为转移；而理是气的规律，对理的认识属于人的主观认识范畴。气为第一性，理为第二性。严复还对陆王心学进行批判，认为心学是主观的东西，无客观性。他的唯物主义认识论，主张"人心亲物"（人心即主观正确反映客观物质），从而反驳了主观唯心论。

严复"学贯中西，尤具卓识"，开中西哲学结合之先河。在把传统儒学导向近代的道路中，严复可以说是一个关键性的人物。清代儒学提倡的"经世致用"精神在与西学接触过程中，找到了一条付诸实践的道路，这也是以后深受西学影响的知识分子所选择的由改良到革命的道路。

作为处在这一时期的儒学思想家，由于仍处于中国浓厚的封建社会环境中，其根基主要还在于为封建政权服务的儒学上，严复晚年的思想退步也就成为必然。如他希望变法却不希望革命。资产阶级改良派的失败并没给他带来较大冲击，他仍希望保留帝制，提倡尊孔读经。反映在他思想上就是唯心主义的膨胀和发展，从无神论变为有神论者，笃信上帝。这些都体现儒学在与近代西学碰撞过程中，严复的思想受到了其产生的消极后果的影响。

（2）变法领袖康有为、梁启超。康有为（1858～1927年），原名祖诒，字广厦，号长素，戊戌政变后易号更生，晚年又号更牲。他出身官僚地主家庭，康氏家族不仅世代为官，而且又以理学传家。年轻的康有为受其影响，师从朱次琦，接受陆王心学。由于出外游历，接触西学渐多，他开始钦佩西方资本主义制度，并决心向西方学习，寻求救国真理。稍后，他打算入朝廷一展宏图，很快遭到失败。光绪十六年（1890年）他在广州办学堂讲学，开始了著名的维新宣传。从《上清帝第一书》到戊戌变法期间，康有为提出了一系列的变法主张和理论，为了给他的变法提供依据，他写了《新学伪经考》和《孔子改制考》等重要著作。就《新学伪经考》而言，从根本上否定了古文经学，认为"凡古文皆刘歆伪作"（梁启超《清代学术概论》）。而《孔子改制考》则利用《春秋》公羊三世说，正面阐述变法维新的主张，论证变法不仅没有违背儒学宗旨，而且完全符合圣人之道。此书中心内容是说明孔子创立儒家，制定了一套政教礼法，还亲自著作了六经；并认为孔子成功地托古改制才取得儒学的胜利。这是显然的"借古喻今"，反映了康有为早期思想中积极的精神。

梁启超，字卓如，号任公，别号饮冰室主人。清同治十二年（1873年）生于广东新会县。少时接受传统的儒家教育，读了大量经、史、子、集，奠定了汉学的基础，17岁即师从康有为，深受其影响，并与康氏一起成为维新变法的领袖。变法运动失败之后，退避日本，研究变法失败的原因。以后他作为改良派，与继起的革命派相比反而保守。但他一直抱着改良主张，终其一生未曾改变。早期的思想受老师影响，致力于今文经学，并研究西学，把它们作为改变现实的武器。作为变法的倡导者，梁启超十分活跃，发表许多文章反复宣传康有为公羊三世说的进化历史观。强调非"变"不可，最有名的一句话就是"夫变者，古今之公理也"（《饮冰室合集·文集之一》，意为变法是从古到今社会的客观规律）。他批驳了保守派的"天不变，道亦不变"的形而上学论调，指出天地万物、人类社会都处在不断的发展变化之中。梁启超宣传变法，主要是：学习西方，废科举，兴学校，育人才；

开民智，开官智，兴民权，兴神权；立农工商政，修铁路，开矿山，促进资本主义发展。这些思想体现了资产阶级改良派在保留君主制度下，最大限度地改良社会的愿望。梁启超在传统儒学的基础上，把"经世致用"的思想付诸实践；在具体的行动中，则采取了向西方学习的革新措施。因此他的思想相当混杂：既有"气理"概念，也有近代自然科学对宇宙的概念；既有陆王心学，也有资产阶级的庸俗进化论。这反映了近代民族资产阶知识分子受到西学冲击后的思想状况。

结束语

　　上述清代儒学发展的脉络是十分清楚的。由实学而考据学，而一部分先进分子把视线转向西方，以达到"师夷长技以制夷"的目的。康、梁戊戌变法的失败标志着改良派在中国已经穷途末路，也就是说要维持儒学的正统地位根本行不通。因为社会的发展，已经不是用儒学简单地加进西方的一些先进科学，就能奏效的。清政府腐败无能，然而却镇压了太平天国的起义，这就更令先进分子即资产阶级革命派思考。孙中山对儒学展开了批判（当然不可能彻底），同时领导了辛亥革命，终于推翻了清王朝，使中国历史的发展翻开了新的一页。

　　就儒学而言，正如我们在前言中所说，它具有兼容性和适应性，在封建社会里表现出了相当强的生命力。但是儒学本身又具有许多糟粕，需要认真批判。因此我们在研究以儒学为主体的传统文化的时候，必须"剔除其封建性的糟粕，吸收其民主性的精华"。只有采取"批判地接收"的态度，才会有利于"推进中国的新文化"。

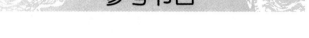

参考书目

1. 侯外庐等著《中国思想通史》，人民出版社，1956～1960。

2. 侯外庐主编《中国思想史纲》，中国青年出版社，1963。

3. 侯外庐、邱汉生、张岂之主编《宋明理学史》，人民出版社，1984～1987。

4. 冯友兰著《中国哲学史新编》，人民出版社，1982～1989。

5. 张岱年著《玄儒评林》，湖南人民出版社，1985。

6. 张岱年主编《孔子大辞典》，上海辞书出版社，1993。

7. 任继愈著《中国哲学史论》，上海人民出版社，1987。

8. 钟肇鹏著《孔子研究（增订版）》，中国社会科学出版社，1990。

9. 张岂之主编《中国儒学思想史》，陕西人民出版社，1990。

10. 张岂之著《儒学·理学·实学·新学》，陕西人民出版社，1991。

11. 孙开泰著《中国春秋战国思想史》，人民出版社，1994。

12. 孙开泰等著《中国哲学史》，（台湾）文津出版社，1995。

13. 李华兴著《中国近代思想史》，浙江人民出版社，1988。

14. 《中国近代著名哲学家评传》，齐鲁书社，1987。

15. 王蘧常主编《中国历代思想家传记汇诠》，复旦大学出版社，1989。

后 记

　　《儒家史话》是编著者学习中国儒学史的心得体会，由于水平有限，错误与不足是难以避免的。陈祖武先生审阅了全稿，并对清代儒学部分提出宝贵意见，而且进行修改，其中某些段又由编著者重写。在此特向陈祖武先生致谢。

1995 年 6 月

《中国史话》总目录

系列名	序号	书名	作者
物化历史系列（28种）	25	陵寝史话	刘庆柱　李毓芳
	26	敦煌史话	杨宝玉
	27	孔庙史话	曲英杰
	28	甲骨文史话	张利军
	29	金文史话	杜　勇　周宝宏
	30	石器史话	李宗山
	31	石刻史话	赵　超
	32	古玉史话	卢兆荫
	33	青铜器史话	曹淑芹　殷玮璋
	34	简牍史话	王子今　赵宠亮
	35	陶瓷史话	谢端琚　马文宽
	36	玻璃器史话	安家瑶
	37	家具史话	李宗山
	38	文房四宝史话	李雪梅　安久亮
制度、名物与史事沿革系列（20种）	39	中国早期国家史话	王　和
	40	中华民族史话	陈琳国　陈　群
	41	官制史话	谢保成
	42	宰相史话	刘晖春
	43	监察史话	王　正
	44	科举史话	李尚英
	45	状元史话	宋元强
	46	学校史话	樊克政
	47	书院史话	樊克政
	48	赋役制度史话	徐东升

系列名	序号	书　名	作　者
制度、名物与史事沿革系列（20种）	49	军制史话	刘昭祥　王晓卫
	50	兵器史话	杨　毅　杨　泓
	51	名战史话	黄朴民
	52	屯田史话	张印栋
	53	商业史话	吴　慧
	54	货币史话	刘精诚　李祖德
	55	宫廷政治史话	任士英
	56	变法史话	王子今
	57	和亲史话	宋　超
	58	海疆开发史话	安　京
交通与交流系列（13种）	59	丝绸之路史话	孟凡人
	60	海上丝路史话	杜　瑜
	61	漕运史话	江太新　苏金玉
	62	驿道史话	王子今
	63	旅行史话	黄石林
	64	航海史话	王　杰　李宝民　王　莉
	65	交通工具史话	郑若葵
	66	中西交流史话	张国刚
	67	满汉文化交流史话	定宜庄
	68	汉藏文化交流史话	刘　忠
	69	蒙藏文化交流史话	丁守璞　杨恩洪
	70	中日文化交流史话	冯佐哲
	71	中国阿拉伯文化交流史话	宋　岘

系列名	序号	书　名	作　者
思想学术系列（21种）	72	文明起源史话	杜金鹏　焦天龙
	73	汉字史话	郭小武
	74	天文学史话	冯　时
	75	地理学史话	杜　瑜
	76	儒家史话	孙开泰
	77	法家史话	孙开泰
	78	兵家史话	王晓卫
	79	玄学史话	张齐明
	80	道教史话	王　卡
	81	佛教史话	魏道儒
	82	中国基督教史话	王美秀
	83	民间信仰史话	侯　杰
	84	训诂学史话	周信炎
	85	帛书史话	陈松长
	86	四书五经史话	黄鸿春
	87	史学史话	谢保成
	88	哲学史话	谷　方
	89	方志史话	卫家雄
	90	考古学史话	朱乃诚
	91	物理学史话	王　冰
	92	地图史话	朱玲玲

系列名	序号	书名	作者
文学艺术系列（8种）	93	书法史话	朱守道
	94	绘画史话	李福顺
	95	诗歌史话	陶文鹏
	96	散文史话	郑永晓
	97	音韵史话	张惠英
	98	戏曲史话	王卫民
	99	小说史话	周中明　吴家荣
	100	杂技史话	崔乐泉
社会风俗系列（13种）	101	宗族史话	冯尔康　阎爱民
	102	家庭史话	张国刚
	103	婚姻史话	张　涛　项永琴
	104	礼俗史话	王贵民
	105	节俗史话	韩养民　郭兴文
	106	饮食史话	王仁湘
	107	饮茶史话	王仁湘　杨焕新
	108	饮酒史话	袁立泽
	109	服饰史话	赵连赏
	110	体育史话	崔乐泉
	111	养生史话	罗时铭
	112	收藏史话	李雪梅
	113	丧葬史话	张捷夫

系列名	序号	书名	作者
近代政治史系列（28种）	114	鸦片战争史话	朱谐汉
	115	太平天国史话	张远鹏
	116	洋务运动史话	丁贤俊
	117	甲午战争史话	寇伟
	118	戊戌维新运动史话	刘悦斌
	119	义和团史话	卞修跃
	120	辛亥革命史话	张海鹏　邓红洲
	121	五四运动史话	常丕军
	122	北洋政府史话	潘荣　魏又行
	123	国民政府史话	郑则民
	124	十年内战史话	贾维
	125	中华苏维埃史话	温锐　刘强
	126	西安事变史话	李义彬
	127	抗日战争史话	荣维木
	128	陕甘宁边区政府史话	刘东社　刘全娥
	129	解放战争史话	朱宗震　汪朝光
	130	革命根据地史话	马洪武　王明生
	131	中国人民解放军史话	荣维木
	132	宪政史话	徐辉琪　付建成
	133	工人运动史话	唐玉良　高爱娣
	134	农民运动史话	方之光　龚云
	135	青年运动史话	郭贵儒
	136	妇女运动史话	刘红　刘光永
	137	土地改革史话	董志凯　陈廷煊
	138	买办史话	潘君祥　顾柏荣
	139	四大家族史话	江绍贞
	140	汪伪政权史话	闻少华
	141	伪满洲国史话	齐福霖

系列名	序号	书 名	作 者
近代经济生活系列（17种）	142	人口史话	姜 涛
	143	禁烟史话	王宏斌
	144	海关史话	陈霞飞 蔡渭洲
	145	铁路史话	龚 云
	146	矿业史话	纪 辛
	147	航运史话	张后铨
	148	邮政史话	修晓波
	149	金融史话	陈争平
	150	通货膨胀史话	郑起东
	151	外债史话	陈争平
	152	商会史话	虞和平
	153	农业改进史话	章 楷
	154	民族工业发展史话	徐建生
	155	灾荒史话	刘仰东 夏明方
	156	流民史话	池子华
	157	秘密社会史话	刘才赋
	158	旗人史话	刘小萌
近代中外关系系列（13种）	159	西洋器物传入中国史话	隋元芬
	160	中外不平等条约史话	李育民
	161	开埠史话	杜 语
	162	教案史话	夏春涛
	163	中英关系史话	孙 庆

系列名	序号	书名	作者
近代中外关系系列（13种）	164	中法关系史话	葛夫平
	165	中德关系史话	杜继东
	166	中日关系史话	王建朗
	167	中美关系史话	陶文钊
	168	中俄关系史话	薛衔天
	169	中苏关系史话	黄纪莲
	170	华侨史话	陈 民 任贵祥
	171	华工史话	董丛林
近代精神文化系列（18种）	172	政治思想史话	朱志敏
	173	伦理道德史话	马 勇
	174	启蒙思潮史话	彭平一
	175	三民主义史话	贺 渊
	176	社会主义思潮史话	张 武 张艳国 喻承久
	177	无政府主义思潮史话	汤庭芬
	178	教育史话	朱从兵
	179	大学史话	金以林
	180	留学史话	刘志强 张学继
	181	法制史话	李 力
	182	报刊史话	李仲明
	183	出版史话	刘俐娜
	184	科学技术史话	姜 超

系列名	序 号	书 名	作 者
近代精神文化系列（18种）	185	翻译史话	王晓丹
	186	美术史话	龚产兴
	187	音乐史话	梁茂春
	188	电影史话	孙立峰
	189	话剧史话	梁淑安
近代区域文化系列（11种）	190	北京史话	果鸿孝
	191	上海史话	马学强　宋钻友
	192	天津史话	罗澍伟
	193	广州史话	张 磊　张 苹
	194	武汉史话	皮明庥　郑自来
	195	重庆史话	隗瀛涛　沈松平
	196	新疆史话	王建民
	197	西藏史话	徐志民
	198	香港史话	刘蜀永
	199	澳门史话	邓开颂　陆晓敏　杨仁飞
	200	台湾史话	程朝云